AF344100

RECUEIL

DE

CHANSONS

ROMANCES

CHANSONNETTES

SCÈNES COMIQUES.

Paris. — Typ. Chaumont, 6, rue Saint-Spire.

ALBUM

DU

GAI CHANTEUR

TOME DEUXIÈME.

PARIS

A. HURÉ, Libraire-Éditeur

44, RUE DAUPHINE, 44

Près du Pont-Neuf.

1860

LAISSEZ-MOI
DONC TRANQUILLE!

BOUTADE

Chantée par BERTHELIER, de l'Opéra-Comique.

Paroles de H. LEFÈVRE, Musique de LOUIS ABADIE.

La musique se trouve chez Mɪssʟᴇʀ, éditeur, rue Vivienne, 49.

Je trouve, à chaque pas, des gens qui me tourmentent,
Me répétant toujours : pouvez-vous vivre ainsi !...
Ces démons tentateurs, sur mon sort se lamentent ;
Mais, à me convertir, aucun n'a réussi.
A mon sujet, pourquoi vous faire tant de bile ?
Quoique vous-en disiez, je me trouve fort bien !
Mais, nom d'un p'tit bonhomme, laissez-moi donc
                         [tranquille ; *bis.*
Mon bonheur me suffit, je ne demande rien !

J'habite le faubourg, et, dans une mansarde,
Mieux que dans un palais, je me trouve logé ;
Quand à me visiter, l'un de vous se hasarde,
Il s'écrie aussitôt... : donnez votre congé !

Album du Gai Chanteur. —2ᵉ vol.   21ᵉ Livraison.

Je ne puis, dites-vous, habiter que la ville...
C'est votre goût?... tant mieux..., et ce n'est pas le mien.
Mais, nom d'un p'tit bonhomme, laissez-moi donc
[tranquille ; } *bis*.

Mon taudis me suffit, je ne demande rien !

Vous fuyez les plaisirs et nos bruyantes fêtes ;
Vous fuyez la beauté comme un vrai loup garou ;
Vous qui pourriez encor prétendre à des conquêtes,
Dans votre vilain trou, vous vivez en hibou,
Pour ça, vous vous trompez ; j'aime une bonne fille ;
De vos beautés du jour, faites vous le soutien.
Mais, nom d'un p'tit bonhomme, laissez-moi donc
[tranquille ; } *bis*.

Ma Lison me suffit, je ne demande rien !

Je me trompe, pourtant...; au bon Dieu, je demande
De pouvoir, jusqu'au bout, conserver la santé,
Et de philosophie, une dose assez grande,
Le cœur de mes amis et ma franche gaîté.
Et puis, lorsqu'à mon tour, il faudra que je file,
Qu'il m'accueille là-haut parmi les gens de bien ;
Mais, jusque-la, morbleu, laissez-moi donc tranquille ; } *bis*.
Crénom d'un p'tit bonhomme, je ne demande rien !

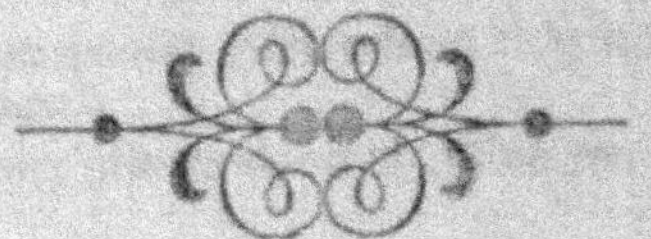

MA BOUTEILLE

CHANSON.

Paroles de **Félix ROUSSEL**.

AIR : *Du Vin d'Argenteuil.*

Lon lon la, bouteille ma mie,
Lon lon la, tu seras toujours,
Lon lon la, bouteille chérie,
Lon lon la, mes seules amours !

Je chante ma bouteille,
    Mon seul médecin ;
Je l'aime quoique vieille,
    Elle est tout mon bien.
Quand elle est sur ma table,
Par son jus délectable,
Je la trouve adorable
    Et je bois sans fin.
        Lon lon la, etc.

Le plaisir qu'elle donne
    Chasse le chagrin ;
Va, coule ma mignonne,
    Ce n'est pas en vain.
Ta liqueur fait merveille,
O bouteille vermeille !
Ma gaîté se réveille,
    Et je dis soudain :
        Lon lon la, etc.

Sa taille est rebondie
    Et charme les yeux,
Sa gorge est arrondie,
    Tout est gracieux.

Je la crois bordelaise,
Peut-être mâconnaise,
Et près d'elle à mon aise
Je m'égale aux dieux.
    Lon lon la, etc.

Son âme n'est pas noire,
    Son empire est doux ;
Elle est toute ma gloire,
    Et j'en suis jaloux.
O maîtresse chérie !
A toi toute ma vie,
J'adore l'harmonie
    De tes glous glous g'ous.
    Lon lon la, etc.

Elle n'est point jalouse,
    Si je vais parfois,
Chercher une autre épouse
    Dans d'autres endroits.
Elle sait bien, la belle,
Si je suis infidèle ;
Qu'enfin, c'est toujours d'elle
    Dont je suis les lois.
    Lon lon la, etc.

Si la mort inhumaine
    Frappe quelque jour,
Ma bouteille sois pleine
    Quand viendra mon tour.
Verse, verse à plein verre
Pour quitter cette terre.
Adieu donc, ô ma chère !
    Adieu, sans retour.
    Lon lon la, etc.

LE POISSON D'AVRIL.

Air : *Du vieux Braconnier*.

Qui peut me dire où se perche
L'oiseau qu'on nomme amitié ?
La moitié du monde cherche
A tromper l'autre moitié.
A douze mois d'intervalle
On oublie un tour subtil,
Et chaque année on avale
Encore un poisson d'avril.

La Champagne et la Bourgogne,
En fait de vins, ont bon dos ;
Cent fois plus que la Gascogne
N'en fait, l'on vend du Bordeaux.
C'est qu'au lieu de vins toniques,
Le marchand sait bien, dit-il,
Faire avaler aux pratiques
Encore un poisson d'avril.

Près d'une fille rebelle,
Jean se montrait aguerri ;
Fi ! ma vertu, dit la belle,
Doit échoir à mon mari.
Fier du refus qu'il éprouve,
Il court à l'Etat civil,
Et, rentré chez lui, Jean trouve
Encore un poisson d'avril.

J'ai pour voisin un compère
Qui, semblant fier, chaque fois,
Va déclarer qu'il est père
A peu près tous les neuf mois.
Mais ce titre qu'il s'impose
De par le Code civil,
Est pour lui, je le suppose,
Encore un poisson d'avril.

Va-t-on, au jour qu'on redoute,
Peupler un monde inconnu ?
Pour nous tirer de ce doute,
Aucun mort n'est revenu.
Lorsque de notre pauvre être,
Se brise ici-bas le fil,
Dieu ! si la mort pouvait être
Encore un poisson d'avril.

J.-C. GAGNEUX.

LA FACTION DU BON CURÉ

Paroles D'HYPOLYTE GUÉRIN, Musique de LUIGI BORDÈSE

Chers moutons, nous dit au prône,
Le vieux curé de Sannois;
On affirme qu'à l'automne,
Les loups sortiront des bois.
Défendons par eux traqués,
L'herbe où Dieu nous a parqués;
Car sans être impitoyable,
Ni vouloir le mal d'autrui,
Il vaut mieux tuer le diable,
Que d'être égorgé par lui!
  Ah! mais oui!   *bis.*
Il vaut mieux tuer le diable,
Que d'être égorgé par lui!

De jour ou de nuit blafarde,
Sur vous emboîtant le pas,
Je désire au corps de garde,
Prendre place l'arme au bras!
Aussi bien que son troupeau,
Tout berger tient à sa peau;
Et sans être impitoyable, etc.

La guérite et la prière,
Cadrant mal au prime abord,
J'emporterai mon bréviaire,
Pour mettre cela d'accord!
En vertu de ce moyen,
Le bon Dieu n'y perdra rien.
Donc sans être impitoyable, etc.

Oui! messieurs, malgré ma goutte,
Je prétends par Saint Crépin,
Quoique sans dent pour la croûte,
Conserver le goût du pain;
Aux gencives d'un barbon,
La mie offre encor du bon.
Or sans être impitoyable, etc.

A.-C. GUÉRIN.

LE LOUP-GAROU,

LÉGENDE,

Paroles de J. ÉVRARD,

La Musique se trouve chez **A. IIURÉ**, libraire-éditeur, à Paris, rue Dauphine, n° 44, près le Pont-Neuf.

La nuit, à travers la montagne
Le loup-garou s'en vient, dit-on ?
— Oui, ma sœur, il bat la campagne,
Et désole tout le canton...
Mais le voici sous la tourelle,
Son aspect seul me fait frémir :
Dormez, dormez, mademoiselle,
Car le loup-garou va venir.

Serait-ce lui, ma sœur Hélène ?...
Mais non : c'est un beau cavalier ;
Il monte coursier d'Aquitaine
Et caresse son destrier.
— Imprudente, de sa prunelle
Voyez-vous point l'éclair jaillir :
Dormez, dormez, mademoiselle,
Car le loup-garou va venir.

Pourtant, ma sœur, je vous l'assure,
Selon moi, je trouve entre nous,
Qu'il a la plus noble figure !
Ses grands yeux noirs sont des plus doux.
— Vous déraisonnez, jeune Adèle,
Songez plutôt à m'obéir :
Dormez, dormez, mademoiselle,
Car le loup-garou va venir.

Eh quoi ! venir ici ?... — Sans doute,
Sachez donc qu'il vient en ces lieux
Pour emporter et perdre en route
Les enfants qui sont curieux...
Sa main déjà lance une échelle
Vers ce balcon qu'il va franchir :
Dormez, dormez, mademoiselle,
Car le loup-garou va venir.

« L'enfant, osant bouger à peine,
De peur aussitôt s'endormit...
Et, sans frayeur, la sœur Hélène
Avec le loup-garou partit...
Depuis ce temps, sous la tourelle,
Le ménestrel chante à loisir :
Dormez, dormez, mademoiselle,
Car le loup-garou va venir. »

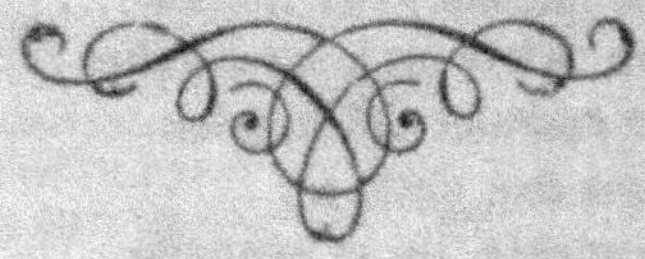

ANNONCE

de l'incomparable

FERNANBUCO

DE BLAGUAMOS. [1]

SCÈNE COMIQUE

De Maurice **PATEZ**.

La Musique se trouve chez **A. HURÉ**, libraire-éditeur, à Paris,
rue Dauphine, n° 44, près le Pont-Neuf.

Bonnes gens, vite approchez-vous,
J'ai des remèdes pour vous tous ;
Aussi tout haut je le confesse,
J'ai de science, en vérité,
Plus que toute la Faculté.

Messieurs, vous avez l'honneur d'avoir devant vos
yeux, le célèbre Fernanbuco de Blaguamos, membre de
toutes les sociétés savantes de l'univers et de la banlieue
chevalier de l'ordre du Porc-Épic et du Rhinocéros vert
de Madagascar ; mais, pour ne pas vous parler plus longtemps de moi, je me contenterai de vous faire l'histoire
de ma vie. Je ne viens pas vous proposer de faire votre
fortune, il s'agit bien de cette bagatelle, mais vous guérir

(1) Les paroles de cette scène comique doivent être dites avec
l'accent gascon.

de toutes les infirmités dont il a plu à la nature d'embellir votre existence. C'est un véritable trésor que je viens vous offrir, le fruit de trente années d'études passées sans sommeil ; l'héritage de mon vertueux père, victime de son attachement au bien de son prochain... Permettez-moi, messieurs, de donner à sa mémoire chérie une larme de reconnaissance (*Il tire son mouchoir et se mouche*). En avant la symphonie !

> Et boum, pata plan,
> Grosse caisse en avant !
> Boum, en avant la grosse caisse !
>
> Ouvrez et l'oreille et les yeux,
> N'en perdez rien, c'est merveilleux :
> Bonnes gens à qui je m'adresse,
> Je vais sans tarder plus longtemps
> Vous satisfaire en peu d'instants.

Et d'abord, messieurs, remarquez les vertus merveilleuses de mon essence de Batavia, composée de plus de trois milles plantes qui croissent à dix mille pieds au-dessus du niveau de la mer. Cette précieuse liqueur guérit à la minute le mal de dents, les blanchit en même temps, fussent elles noires comme du cirage anglais. Parole panachée, je suis un grand dentiste ; aussi que de palais du monde civilisé se sont ouverts devant moi et où je n'ai laissé dedans que le souvenir... de ma brillante réputation... Remarquez les vertus non moins incomparables de ma graisse de serpent à sonnettes, extraite du vivant de ce reptile peu caressant, pour faire pousser instantanément une forêt noire de cheveux sur les têtes les plus privées de cet ornement. Mais, comme l'a dit un grand philosophe : ce qui est bon pour la tête est bon pour les pieds. Ma graisse de serpent à sonnettes fait tomber les cors comme elle fait pousser les cheveux. Aussi vrai que Blaguamos est mon nom, je suis le pédicure de tous les *cors* royaux du globe. Au bout de quelques secondes de traitement, pas plus de cors que dans mon œil... Pardonnez-moi cette figure de rhétorique, et en avant la symphonie!

> Et boum, pata plan,
> Grosse caisse en avant!
> Boum, en avant la grosse caisse!

> Profitez de l'occasion
> Qui m'amène dans ce canton,
> A votre bien je m'intéresse;
> Celui qui me croira verra
> La vérité de tout cela.

Mais j'entends plusieurs personnes qui disent: C'est encore une espèce de filou qui va nous vendre bien cher des drogues qui ne guériront personne. Je vous remercie, messieurs, de cette appréciation si flatteuse pour moi; mais je m'en fiche, comme d'une muscade... Certes, si ces précieux médicaments étaient vendus au prix de leur valeur, les trésors de l'empereur du Mozambique ne les paieraient pas; mais ici, pour n'en priver personne, pas plus le banquier que le portier, pour vous laisser seulement le droit de dire que vous ne les avez pas volés, je donne ces précieux spécifiques pour un malheureux décime, deux sous, et accompagnés de la manière de s'en servir mise à la portée des intelligences les plus bouchées faisant partie de l'aimable société. Il faudrait vraiment n'avoir pas deux sous dans sa poche, n'être qu'un pas grand chose, un Auvergnat, un rien du tout, pour se priver d'un pareil trésor. Avec deux sous vous gagnerez difficilement un million, vous n'établirez pas la moindre ligne de chemin de fer, croyez en ma vieille expérience. Mais, si vous croyez avoir affaire à un imposteur, achetez mes flacons, brisez-les sous mes yeux, jetez-vous-en les morceaux à la tête en me traitant de fripon; vous me verrez prendre mon vol à deux mains et m'évanouir immédiatement. Pardonnez-moi cette licence poétique, et en avant la symphonie !

> Et boum, pata plan,
> Grosse caisse en avant !
> Boum, en avant la grosse caisse!

Paris. — Typ. CHAUMONT, 6, rue Saint-Spire.

COMMENT L'ESPRIT
VIENT AUX FILLES,

CHANSONNETTE.

Paroles de **LÉON MAUD'HEUX**, Musique de **VICTOR ROBILLARD**.

La Musique se trouve chez **A. HUURÉ**, libraire-éditeur, à Paris,
rue Dauphine, n° 44, près le Pont-Neuf.

Maman souvent me répète,
Ce qui n'est pas trop flateur :
Bon Dieu, que Lise est donc bête !
Elle est sotte à faire peur.
Pourquoi donc suis-je si sotte ?
Demandais-je chaque jour ;
Mais à présent, saperlotte !
Je sais que, grâce à l'amour...
  Petit à petit,
 L'esprit vient aux filles,
 Laides ou gentilles,
  Petit à petit, (*bis*)
 L'esprit vient aux filles,
 Laides ou gentilles,
 Ont de l'esprit, oui.

Les fillettes du village,
Ont chacune un amoureux,
Et pour mieux suivre l'usage,
Quelques-unes en ont deux.
J'en voyais deux à Jeannette,
Et moi qui n'en avais pas,
Je fis si bien la coquette,
Que je lui pris Nicolas.
                    Petit à petit, etc.

Avant-hier, dans la grange,
Je rencontrai Nicolas,
Qui m'appela son bel ange,
En me serrant dans ses bras ;
Moi d'abord, toute surprise,
Je le tançai vertement ;
Mais il me dit : C'te bêtise !
Je veux te montrer comment...
                    Petit à petit, etc.

Pour cela que faut-il faire ?
Lui dis-je avec embarras.
Il faut d'abord du mystère,
Me répondit Nicolas.
Sitôt je me sens émue,
Bref mon amoureux fait tant,
Qu'en moi l'esprit se remue,
Et je le quitte en disant :
                    Petit a petit

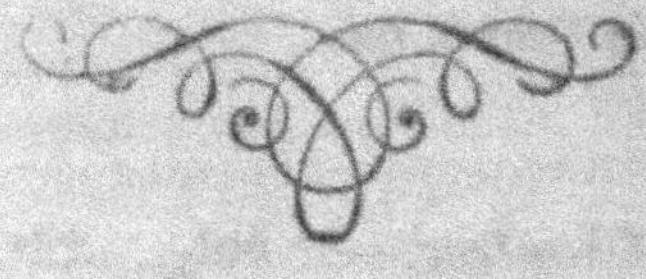

LE REMPLAÇANT,

Chanson de Jules DUVERT.

Air : *Des Cabinets particuliers.*

Si le destin nous forçait à la guerre,
Jeunes beautés, ne vous tourmentez pas !
Si votre amant doit être militaire,
S'il doit voler dans les combats
Et négliger vos innocents appas !
Ne craignez rien, ne versez pas de larmes,
Votre chagrin serait trop innocent ;
Pour admirer le pouvoir de vos charmes,
Venez à moi, je serai remplaçant !   { *bis.*

J'ai remplacé dans mainte circonstance
Plus d'un amant, plus d'un époux trompeur ;
A la beauté, j'ai prouvé ma constance,
Et bien souvent les tourments de son cœur
Ont, près de moi, fait place au vrai bonheur.
A quoi vous sert de torturer votre âme ?
Jamais les pleurs n'ont fixé l'inconstant !
Moi, je comprends votre amoureuse flamme :
Venez à moi, je serai remplaçant !   { *bis.*

J'ai remplacé dans l'état militaire ;
J'avais déjà servi pendant huit ans,
Et, franchement, je ne saurais vous taire
Que quand je pense à ce glorieux temps ;
Je sens mon cœur joyeux et palpitant.
Mais à présent que les champs de la gloire
Ont de mon sang reçu le contingent,
Auprès de vous, pour une autre victoire,
Jeunes beautés, je serai remplaçant !   { *bis.*

Lorsque, parfois, j'étais à l'abordage,
Mon pistolet n'a jamais fait long feu ;
Je fus souvent cité pour mon courage,
Verser mon sang n'était pour moi qu'un jeu ;
Mais, cependant, rassurez-vous un peu !
De ce temps-là, redoutant la souffrance,
J'ai conservé de ce généreux sang ;
C'est avec vous, que pour servir la France,
Je veux tâcher d'avoir un remplaçant.   { *bis.*

LA VIEILLE
GAITÉ FRANÇAISE

Air : *De la Mère Godichon.*

Aux joyeux refrains des chansons,
Vidons gaiment bouteille,
Que la gaîté s'éveille
Aux pans, pans des bouchons ! } *bis.*

Autrefois nos grands pères,
Selon moi, plus sages que nous,
Buvaient, chantaient tous ;
Il fallait voir nos mères,
Répéter les joyeux refrains
Et battre des mains.
C'était le temps de la régence :
Dame gaîté dictait de lois ;
C'était le bon vieux temps gaulois ;
Momus, alors, régnait en France,
Aux joyeux, etc.

Dans une gaudriole,
Nos ancêtres peu langoureux,
Mais toujours joyeux,
Pleins d'une gaîté folle,
Savaient célébrer tour à tour
La gloire et l'amour.
L'amant, auprès de sa maîtresse,
Ne soupirait jamais en vain,
Et l'on se mariait soudain
Sans le notaire et sans la messe.
Aux joyeux, etc.

Au fort d'une bataille,
Nos très-vénérables aïeux,
Le front radieux,
Affrontant la mitraille,
Volaient de l'amour aux combats,
Narguant le trépas.
Enfants chéris de la victoire,
Couverts de haillons et sans pain,
Ils entonnaient un gai refrain
D'une vieille chanson à boire.
        Aux joyeux, etc.

En ce temps, les fillettes,
Osaient recevoir les amants
Aux nez des mamans.
A seize ans, ces coquettes
A belles dents avaient mordu
Au fruit défendu.
Les garçons étaient joyeux drilles,
Et les papas frais et dispos ;
Quand les pères vidaient les pots
Les garçons embrassaient les filles.
        Aux joyeux, etc.

Amis, qu'en notre France
La gaîté reprenne son cours
Et règne toujours.
Depuis sa longue absence,
On ne trouvait plus parmi nous
D'aussi joyeux fous.
Que la marotte nous rallie ;
Soyons dignes de nos aïeux ;
Déridons nos fronts soucieux
Aux doux grelots de la folie.
        Aux joyeux, etc.

FÉLIX ROUSSEL.

BOUDIN & CHARCUTIÈRE

Parodie du **Moulin et la Meunière.**

Elle est chouett', la charcutière,
Et son boudin est bien cuit ;
Elle est là qui fait la fière
Comme une oie au fond d' son nid.
— Il est là qui se dandine,
Accroché sur l' contrevent ;
Il étend sa longue échine
A côté d'un vol-au-vent.

Il est deux choses sur terre
Dont j' veux être plein !
J'aime, j'aim' la charcutière,
   J'aime le boudin !   *bis.*

Voyez comme elle est av'nante
Avec son simple torchon !
Surtout quand ell' vous présente
Une andouille, un pied d' mouton !
— Voyez-le fier comme un aze,
Près d'un pâté de Strasbourg,
Et voyez comme il écrase
Les saucisses d'alentour !—Il est deux choses, etc.

Oui, j'en jure sur mon âne ;
Celui-là s'rait ben heureux,
Qui prendrait pour sa sultane
La charcutièr' que je veux !
— Il produit dans sa journée
Plus que quatre boudins blancs,
Et donne à ma du cinée
Un bénef d'un demi-franc !—Il est deux choses, etc.

Le boudin sans charcutière
C'est garenne sans lapin ;
Mais aussi, c'est pip' sans bière
Que charcutièr' sans boudin !
— J'aurai des moutards, j'espère ;
Mais, il me faudrait, enfin,
La charcutièr' pour les faire,
Pour les nourrir, le boudin !

Il est deux choses sur terre
Dont j' veux être plein !
J'aime, j'aim' la charcutière,
Mais j'aim' mieux l' boudin !   *bis.*

Marc CONSTANTIN.

LE ROI DE ZANZIBAR

Parodie du ROI D'YVETOT.

Paroles de MARC CONSTANTIN.

La Musique se trouve chez **A. HURÉ**, libraire-éditeur à Paris,
rue Dauphine, n° 44, près le Pont-Neuf.

Y a été un petit li roi
Qui fair' tout l' mond' bien aise ;
Li n'est pas fier ; il fait des lois
Assis sur un vié chaise.
Son femme a soir dans son li-lit,
Amarr' son mochoir pour fair' li
   Dormi !
Oh ! oh ! oh ! oh ! Ah ! ah ! ah ! ah !
Comme bon c'était ce roi là, la la.

Li n'a pas fair' grand l'embarras ;
Quand diné dans la case ,
Morceau cari tout sei dans l' plat,
Assez pour son ménaze.
Et pour gardien, quand li rodé,
Son vieux loulou sans guernadié
   A pied !
Oh ! oh ! oh ! oh ! Ah ! ah ! ah ! ah !
Comme bon c'était ce roi là, la la.

Matin et soir, toujours grisé,
Avec un' gross' bouteill' ;
Même avec blancs, ou ch'veux frisés,
Li boit du jus d' la treille !

Et li rié quand son z'enfant,
Fair' ensemb' un p'tit t'amizement
      Souvent!
Oh! oh! oh! oh! Ah! ah! ah! ah!
Comme bon c'était ce roi là, la la.

Li, pas vou'oir masser d' l'argent,
Pas fair' le mond' mi-ère!
Veut pas mett' d'impôt comm' les blancs,
De tous veut êt' le père,
Et pour fair' p'us grand son pays
Zamais li tuyais sous amis!
      Aussi,
Oh! oh! oh! oh! Ah! ah! ah! ah!
Comme bon c'était ce roi là, la la.

Quand son commandeur n'a pas bon,
Li n'y pas fair' misère,
Ce bon roi là, touzours raison;
Li connaît son affaire?
Li dit : mon garçon, écoutez :
Vous n'a pas connaît' vot' métié
      Assez!
Oh! oh! oh! oh! Ah! ah! ah! ah!
Comme bon c'était ce roi là, la la.

Dans qué pays ça le roi là?
Moi, pas capab' de dire;
Mais croir' pour trouvé li coum' ça,
Faut couri dans navire!
Et quand alors vous là trouvé,
Comme bon nègre vous irez
      Crier :
Oh! oh! oh! oh! Ah! ah! ah! ah!
Moi, plus quitter ce bon roi là, la la.

UNE FEMME GROSSE

CHANSONNETTE COMIQUE.

Paroles de NITOT SAINT-GILLES, Musique de V. ROBILLARD.

La Musique se trouve chez **A. HURÉ**, libraire-éditeur à Paris,
rue Dauphine, n° 44, près le Pont-Neuf.

Mes bons amis, je vous le dis,
J'ai le cœur et les jours aigris :
Mes cheveux en deviennent gris,
D'puis qu' ma femme est grosse, j' malgris.

Oui, je le dis tant que l' jour dure,
Ell' crie, ell' grogne, ell' tappe, ell' jure ;
Si je me verse un doigt de vin,
Madame, l'avale soudain ;
Si j'ai qu'qu' chos' dans mon assiette,
Crac, ell' l'en'ève d'un coup d'fourchette ;
C'est un enfer, un sort maudit,
D' placer son bonheur dans un p'tit.

PARLÉ : Voilà comme je suis traité depuis qu' ma femme
est dans une position intéressante ; e le dévore tout des
yeux, même les jolis garçons. Si elle osait, elle me dévo-
rerait aussi. Mais, dans la maison, c'est pour de bon ;
vous croyez peut-être qu'elle respecte la nourriture du
Chien ? du *Chat*? *Ouin !* tout y passe. Avec une pareille
Ogresse, comment voulez-vous que j'engraisse ? on me
ferait passer dans une bague ; je tourne à l'arrête de

brochet, je deviens piquant en diable. Si le moindre colimaçon me montre les cornes, crac ! il est englouti, sous prétexte que c'est une mauvaise plaisanterie. Avant de me mettre en ménage, j'étais rondelet, j'étais *gras double*, de ce que je suis ; j'avais le *port frais*... Aujourd'hui, je tourne à l'aréostat, il n'y a plus que du vent ; si ça continue, je serai obligé de m'entourer de poids, de peur de m'envoler ; moi qui ne peux pas les souffrir, je n'en mangerais qu'un, que j'aurais un pois sur l'estomac... L'on m'appelle déjà monsieur Beaudruche, monsieur Zéphir, tout ça par faute d'aliments, comme c'est régalant pour un gourmand ! Moi je dis que c'est criant, humiliant, révoltant, désespérant, et sans précédent, de voir un être charmant, le plus bel ornement de céans, devenir pour un enfant, un dévorant... Aussi... (*Au ref.*)

> Un jour, em' dit j'veux une fille,
> Si j' n'en ai pas une j' t'étrille ;
> Une aut' fois, em' dit sans façon :
> J' t'étrangl' si c' n'est pas un garçon !
> Si pour parler j'ouvre la bouche,
> De suit' elle devient farouche ;
> Pourtant, sans avoir aucuns torts,
> Ma femme a l' diable dans le corps.

PARLÉ : Je ne sais plus sur quel pied danser, je voudrais que ce soit un enfant emphibie, moitié garçon et moitié fille ; ça ferait d'abord que, quand il serait grand, il pourrait s'épouser tout seul, il se ferait ses robes, ses bottes, il n'aurait besoin que d'une moitié de crinoline ; ce qui fait que maintenant, en fait d'étoffe, il n'y a plus moyen de mettre un *terme au mètre*... Aussi on ne voit plus que des femmes grosses, car la crinoline, fine et lutine, rumine en sa mine badine, le moyen indigne de cacher de la rose l'épine, jusqu'à la devine, qui toujours nous chagrine... Aussi... (*Au refrain.*)

« Monstre (m' dit-ell') va dans la rue,

« Car j'aurais trop peur qu'à ta vue,

« De tes traits mon fruit se marquât

« Et qu'à Jocko... il ressemblât. »

Si vous songez au mariage,

Avant de vous mettre en ménage,

Retenez bien ces p'tits rien-là,

Sans cela il vous en cu ra.

PARLÉ : Mon Dieu, oui ! ou plutôt vous serez cuits comme des *dindons*, vous passeriez pour des *oies*, les *bécasses* du quartier ne feraient que des *signes* en vous voyant. Hein! comme c'est amusant d'attendre dans la rue un enfant à venir, au clair de la lune, en disant : Ouvre-moi la porte pour l'amour de lui (*Air au clair*) d'entendre une femme malgré la froidure, vous dire : Monstre de nature, cache ta figure, sans quoi je suis sûre que ma progéniture, orné d'une hure, viendra, je le jure, faire injure à la nature ! Comme c'est dur pour un cœur pur, voilà ce que j'endure, pour une petite créature, à l'état futur... Aussi... (*Au refrain.*)

Voilà l' reste de la denrée,

Ma gente femme est accouchée ;

C'est moi qui soigne le poupon,

Qui lui offre le biberon ;

Il a le sourire d'un ange,

Et le doux chant de la mésange

Ou plutôt celui du cri-cri,

Quel cri (*bis*), quel joli cri !

PARLÉ : On a bien raison de dire qu'il n'y a rien au-dessus du cri de la nature ; comme ça vous touche, surtout l'oreille ; c'est un tintement perpétuel qui va droit au cœur, v'la un enfant qui a le caractère égal, il n'en jette qu'un du matin au soir (de cri), il est si long, qu'en le coupant on en ferait une masse de cris-cris. On prétend que c'est la manière des enfants de montrer leur amour à leurs parents ; lui ne s'arrête même pas quand il mange... Comme il aime déjà ! quelle reconnaissance à cet âge-là, un enfant de 33 heures et demie ! Comme il est appelé à nous donner du bonheur ! il tient de sa mère pour le cri, il me regarde un peu de travers, parce qu'il a un œil dépareillé (chacun à sa manière de voir) ; ça fait que si nous le perdons, il se retrouvera plus facilement. Bon chéri, va ! comme je suis fier d'être ton père ! La terre, l'univers, Jupiter, l'enfer, Lucifer, les revers, la misère, ta mère, ne pouvaient faire, à ton père, un sort plus prospère, car tu n'es pas une chimère.. Aussi...

> Je vous le dis, mes bons amis,
> Un fils est un vrai paradis ;
> Qui vient remplacer les houris,
> Et teindre en noir nos cheveux gris.

LE BON DIEU SEUL
PEUT LE LUI DIRE.

ROMANCE

Paroles de DUNAN MOUSSEUX,

Musique de **V. ROBILLARD.**

La Musique se trouve chez **A. HURÉ,** libraire-éditeur à Paris,
rue Dauphine, n° **44,** près le Pont-Neuf.

Savez-vous pourquoi je m'isole
Et pourquoi mon cœur bat si fort ?
Enfin, pourquoi je me désole,
Pourquoi je voudrais être mort ?
C'est que dans notre vieille auberge,
Un ange est arrivé du ciel.
Figurez-vous la blanche vierge,
Aux accents plus purs que le miel ;
C'est pour elle que je soupire,
Que je suis atteint de délire.
Mais à quoi bon vous conter ça, tout ça ?
Le bon Dieu seul peut le lui dire...
Jamais il ne le lui dira !

L'autre matin, sur la colline,
Je la contemplais embrasser
La rose enfant de Marceline ;
J'étais jaloux de son baiser.
Lorsqu'elle cache sous ses lèvres
Les tourterelles de chez nous,
Quand elle cause avec nos chèvres
Je suis jaloux ! jaloux ! jaloux !

Album du Gai Chanteur. — 2e vol. 23e Livraison.

Car je l'aime jusqu'au délire,
C'est pour elle que je soupire.
Mais à quoi bon vous conter ça, tout ça?
Le bon Dieu seul peut le lui dire...
Jamais il ne le lui dira!

J'ai le cœur bon, l'âme vaillante,
Des champs en fleurs, au plein soleil;
De plus une modeste rente
Qui me sourit à mon réveil.
Jadis au bout de la journée,
J'étais joyeux; mais à présent,
Je rougis de ma destinée,
Car je ne suis qu'un paysan,
Et celle pour qui je soupire,
Est grande dame de l'empire.
Mais à quoi bon vous conter ça, tout ça?
Le bon Dieu seul peut le lui dire...
Jamais il ne le lui dira!

Pierre allait perdre la parole
Tant son pauvre cœur palpitait,
Lorsqu'il aperçut son idole
Qu'un cheval fougueux emportait!
N'écoutant que son énergie,
Son amour et son dévouement,
Il a pu lui sauver la vie,
Et depuis il dit en chantant:
Oui, je l'aime jusqu'au délire,
C'est pour elle que je respire,
Je puis bien vous raconter ça, tout ça!
Le bon Dieu vient de le lui dire,
Et bien sûr il nous unira!

LA PETITE FANCHON

CHANSONNETTE

Paroles de **P. GAGNEUX.**

AIR : *Voisine, fermez-donc vos rideaux !*

Tout à côté de ma chambrette
Loge la petite Fanchon ;
C'est une charmante grisette,
Chantant toujours comme un pinson.
J'aime entendre sa voix divine
Quand elle chante les amours ;
Je dis : chantez, belle voisine,
Charmez le printemps de vos jours ! } *bis.*

Le luxe n'est point chez la belle
Ce qui, d'abord, frappe les yeux ;
Mais ce qu'on voit régner en elle,
C'est la gaîté, don précieux.
A ceux qu'assiége la famine,
Elle prodigue ses labeurs ;
Je dis : donnez, belle voisine,
Il est doux d'essuyer des pleurs ! } *bis.*

Parfois un richard vient lui dire :
« Vois ces diamants, vois cet or ;
« A mes vœux si tu veux sourire,
« Ils sont à toi, d'autres encor ! »
Fanchon refuse, on le devine ;
Puis, j'entends un rire moqueur...
Je dis : riez, belle voisine,
Mais ne vendez pas votre cœur ! } *bis.*

Souvent la nuit je me réveille
Au bruit de propos amoureux ;
Curieux et prêtant l'oreille,
J'entends rire et causer à deux.
De Fanchon, la bouche lutine
Donne des baisers bien brûlants !
Je dis... : aimez, belle voisine,
Vous n'aurez pas toujours vingt ans ! } *bis.*

LE MARYLAND

RONDEAU.

AIR : *J'avais à peine vingt-cinq ans.*

Place, place au maryland,
Tabac chéri des grisettes,
Chez nos piquantes lorettes
Il doit être au premier rang.

Blond, soyeux, je vous arrive
Gracieuses déités ;
Vous toutes qui criez : Vive
Le maryland ! — écoutez !
Dès le matin, belle à voir,
Laïs, de ses lèvres closes,
M'aspire, et de songes roses
Je parfume son boudoir.

Que d'amants, barbons imberbes,
Dans ce temple des faux dieux,
Font là des serments superbes
Nés sous mes nuages bleus.
Et sous le doigt délicat
Dont le fin toucher me roule,
Je vois se courber en foule
Grands, petits, *et cætera.*

La jeunesse étudiante,
Chez *Bulier*, dans ses *ébats*,
Me fume vive, attrayante,
Sous les bosquets des *lilas*.
Puis, sous le gant parfumé
De la plus fière lionne,
Mon âme aussi tourbillonne,
Des lions sots m'ont fumé.

Les reines de nos théâtres,
Aux heures d'oisiveté,
Souriantes et folâtres,
Me fument en liberté.
Au quartier Bréda, toujours,
J'ai su, par droit de conquête.
M'entourer chez la lorette
D'or, de soie et de velours.

Passe-temps des filles d'Ève,
Enfin, je préside au CHIC ;
C'est moi qui, seul, porte au rêve
Tout un ruineux public.
Aussi quand le jour a fui,
Noyé d'amour, de champagne,
Quand chacun bat la campagne
Je m'endors chez *Frascati !*

Place, place au maryland,
Tabac chéri des grisettes,
Chez nos piquantes lorettes
Il doit être au premier rang.

Joseph EVRARD.

LE MEURTRIER

CHANT DRAMATIQUE.

Paroles de E. TISSOT. Musique de E. MAYER.

La Musique se trouve chez **A. HURÉ**, libraire-éditeur, à Paris, rue Dauphine, n° 44, près le Pont-Neuf.

Le meurtrier ! c'est le nom que le monde,
A mon aspect, tout bas murmure et dit :
Le meurtrier! puis, comme un chien immonde,
Chacun me fuit, en me criant : Maudit !

Et cependant, lorsque dans ma misère,
Je me reporte, hélas ! au temps passé ;
Il m'en souvient, tous ces hommes, naguère,
A mon aspect, tenaient le front baissé...
Chacun, venait l'œil chargé de caresses,
Solliciter bassement mon appui ;
Ah ! c'est qu'alors, j'avais titre et richesses !
J'étais aimé, béni, mais aujourd'hui :
    Le meurtrier, etc.

Oh! pourquoi donc fais-je horreur à la terre?
Pourquoi de tous suis-je ainsi repoussé ?...
Et de partout, même du presbytère,
Hélas! mon Dieu, pourquoi suis-je chassé?
Ah! c'est qu'un soir, vers l'heure ténébreuse,
Un étranger qui vint heurter chez nous,
Ayant la nuit, nuit deux fois malheureuse !
Flétri ma sœur, tomba mort sous mes coups...
    Et, depuis lors, quand je parais, le monde,
    A mon aspect, etc.

Car, on plaignit le sort de cet infâme,
Qui vint de nuit, comme eut fait un voleur,
Piller l'amour et l'honneur d'une femme !
Et sous mon toit porter le déshonneur...
Mais si je meurs, courbé sous l'anathème,
Qui d'un vengeur a fait pour tous, hélas !
Un meurtrier !... j'en appelle à Dieu même
Du jugement qui me frappe ici-bas...
    Le meurtrier, etc.

LA BRIGANTINE.

Barcarolle à 1 ou 2 voix.

Paroles de M. Casimir DELAVIGNE,

Musique du Chevalier de LAGOANÈRE.

La Musique se trouve à la Compagnie Musicale, rue Dauphine, 18.

La brigantine
Qui va tourner,
Roule et s'incline
Pour m'entraîner,
O vierge Marie !
Pour moi priez Dieu ;
Adieu patrie !
Provence adieu !

Mon pauvre père
Verra souvent
Pâlir ma mère
Au bruit du vent.
O vierge Marie !
Pour moi priez Dieu ;
Adieu patrie !
Mon père adieu !

La vieille Hélène
Se confiera
Dans sa neuvaine
Et dormira.
O vierge Marie !
Pour moi priez Dieu ;
Adieu patrie !
Hélène adieu !

Ma sœur se lève
Et dit déjà :
« J'ai fait un rêve
« Il reviendra ! »
O vierge Marie !
Pour moi priez Dieu ;
Adieu patrie !
Ma sœur adieu !

De mon Isaure,
Le mouchoir blanc
S'agite encore
En m'appellant.
O vierge Marie !
Pour moi priez Dieu ;
Adieu patrie !
Isaure adieu !

Brise ennemie
Pourquoi souffler,
Quand mon amie
Veut me parler ?
O vierge Marie !
Pour moi priez Dieu ;
Adieu patrie !
Bonheur adieu !

MA PHILOSOPHIE,

CHANSON

DE JULES DUVERT.

AIR : *Des trois Lurons, ou Pandore.*

On dit que je suis philosophe ;
Mais, franchement, je n'en crois rien ;
J'aurais peut-être assez d'étoffe
Pour faire un bon épicurien.
Mais de Caton et d'Épicure,
La distance est grande, je crois ;
J'aimerai bien, je vous assure,
Être tous les deux à la fois.   } *bis.*

Mais, si Caton était un sage,
Épicure ne l'était pas ;
Dans un délicieux breuvage,
Ce dernier trouvait des appas.
Caton préférait la sagesse
Qui ne donne pas de plaisir ;
Épicure aimait mieux l'ivresse :
Lequel des deux faut-il choisir ?   } *bis.*

On fait, dit-on, de l'abondance,
En mêlant le vin avec l'eau ;
Pourrait-on, dans cette occurence,
En faire autant ? Ce serait beau !
La sagesse avec la folie,
Ferait un mélange divin ;
L'existence alors accomplie
Serait comme l'eau dans le vin.   } *bis.*

Ceux qui disent que la sagesse
N'existe qu'en buvant de l'eau,
Commettent une maladresse
Et compromettent leur cerveau.
Par ce raisonnement indigne,
Croient-ils donc nous convertir ?
Dieu nous fait-il pousser la vigne,
Pour que nous la laissions pourrir !   } *bis.*

CONTENTEMENT
PASSE RICHESSE.

ESSAI POÉTIQUE.

Pauvre hère (dit-on), rimeur de mince étoffe,
N'as tu pas de soucis?... — Ma foi! j'en fais l'aveu .
    Le ciel m'a créé philosophe,
    Et je sais vivre de bien peu.
Eh! pourquoi jalouser le talent, la fortune ?
    Ma poésie est dans mon cœur.
Plutus entendrait-il ma supplique importune ?
    A chacun sa part de bonheur !

Lorsque loin de Paris, tout seul je me promène,
Je passe quelquefois devant un grand domaine,
Manoir seigneurial, où naguère je vis
Les lourds anneaux rouillés de l'ancien pont-levis.
On arrive au château par une large allée,
Par une cour d'honneur en pente et bien sablée.
Jardins et monument, dessinés avec art,
Sont signés : *Coysevox*, Jean *Lenôtre* et *Mansart*.
Dès que l'on a quitté les ormes séculaires,
On franchit du perron les marches circulaires.
Au seuil de l'antichambre, un groupe de laquais
— Serviteurs gros et gras qui vieillissent en paix —
S'inclinent à votre vue ; un huissier noir et raide
Demande votre nom, qui soudain vous précède :
Etes-vous né, bientôt, dans l'antique réduit,
— Si l'on veut recevoir, — vous êtes introduit.

On me l'a répété : le visiteur admire
Les tapis d'Ispahan, les murs de cachemire ;
L'argent, l'or, le velours, la nacre, le vermeil
Font du noble manoir un temple sans pareil.
L'albâtre au teint de lait, le marbre de Carrare,
Ont été prodigués avec un goût trop rare.
L'hermine, les émaux, les onyx merveilleux
Etalent aux regards tout leur luxe orgueilleux,
Autour d'un lustre d'or aux limpides bougies,
Siégent avec éclat trois généalogies :
Vrais barons d'autrefois, au regard mâle et fier,
Portant lance ou faucon, bardés, cerclés de fer.
Souvent, dès qu'il fait noir le donjon s'illumine,
Le passant voit de loin la tour qui le domine.
Comme à Constantinople, un jour de Ramadan,
On lit en traits de feu, les versets du Koran.
Aux abords du perron, suisses, valets et pages
Font ranger les chevaux, les riches équipages.
Le murmure des voix domine l'angelus :
Ce jour-là, *Lucullus soupe chez Lucullus !*

Le couvert est dressé pour soixante convives :
Près des melons d'Ampuis, des volailles de Brives,
Les chevreuils, les faisans, les brochets de Strasbourg
Contemplent le caviar venu de Pétersbourg.
Après le dur madère et les grands crûs du Rhône,
Arrivent le médoc, le constance et le beaune ;
Le chypre, le tokai, l'aï, le chambertin ;
L'alicante sucré, le champagne argentin.
Gâteaux, crèmes et fruits trônent dans le vieux sèvres ;
Le café du Japon vient parfumer les lèvres.
Tamberlick, Mario, Stockhausen, Zucchini,
Disent du Meyerbeer, du Glück, du Rossini.

Eh bien ! du vieux château la splendeur éclatante,
Le luxe, l'apparat n'ont rien, rien qui me tente ;

Je songe à la grandeur, sans trouble, sans émoi,
Je vis libre et content dans mon petit chez moi.
Mes désirs sont bornés, le travail les modère :
Bon appétit vaut mieux que filet au madère !
On dîne avec plaisir sans truffes, sans chevreuil,
Quand la gaîté sourit dans le crû d'Argenteuil.

Par un riant matin je vais à la campagne,
J'ai mes châteaux aussi... mes châteaux en Espagne.
Tout se pare pour moi, tout est jeune et vermeil,
En courtisan j'assiste au lever du soleil.
Le bâton dans la main je marche, gai touriste.
L'imprévu me séduit, j'ai l'âme très-artiste.
Si j'aime *Brascassat*, *Van Huysum* et *Bonheur*,
Je dois vous l'avouer, j'ai bien plus de bonheur
A contempler de près un paysage agreste,
La vallée et le mont, la chaumière et le reste...
L'heure passe, il est tard... je jette un doux adieu
Aux sublimes tableaux peints par la main de Dieu.

Je m'arrête, lecteur, cette histoire est banale,
Janin, bien mieux que moi, vous en dit la morale.
    Dans ses charmants *Petits Bonheurs*,
    Avant lui le grand *La Fontaine*
    Répétait : — *La chose est certaine*,
Dans tous les champs, Dieu mit des fleurs.

    Éloigner loin de soi l'envie,
    Ne jamais se laisser tenter,
    Savoir de peu se contenter,
    C'est la science de la vie !

Adolphe JOLY.

Paris, A. HURÉ, éditeur et seul propriétaire,
rue Dauphine, n° 44, près le Pont-Neuf.

Paris. — Typ. CHAUMONT, 6, rue Saint-Spire.

DAVID
CHANTANT DEVANT SAÜL.

SCÈNE

Paroles d'**E. PLOUVIER**.

Musique de L. BORDÈSE.

La Musique se trouve chez **A. HURÉ**, libraire-éditeur à Paris,
rue Dauphine, n° 44, près le Pont-Neuf.

Pour ramener ton cœur à l'espoir, à la joie,
Moi, pauvre enfant de Béthléem,
Le prophète Samuel en ton palais m'envoie,
O roi Saül ! *(bis)* chef de Jérusalem !

O Roi Saül, ton peuple te répète,
Le Dieu des rois veut éprouver ta foi ;
Pour le combat que ta valeur s'apprête,
Il faut dompter l'esprit du mal en toi !
Avec la foi reprends l'arme suprême,
Ne tremble pas ainsi qu'un faible enfant...
Et de l'épreuve ou t'attend Dieu lui même,
Tu vas sortir vainqueur et triomphant !   *(bis.)*

Retentissez, harpe sonore, jusques au ciel ;
Chantez celui que l'on adore dans Israël.
        Harpe sonore, retentissez !
Chantez celui que l'on adore dans Israël.
Harpe sonore, retentissez jusques au ciel !

Album du Gai Chanteur. — 2ᵉ vol. 24ᵉ Livraison.

Je veux chanter, pour adoucir ton âme,
Les eaux, les bois, les montagnes, les prés
Les champs en fleurs avec les cieux en flamme ;
Je veux chanter des hymnes inspirés.
Je chanterai la candeur de l'enfance ;
Je chanterai du vieillard la douceur,
La souvenance unie à l'espérance.
La créature unie au Créateur.   (bis.)
    Retentisez, ctr.

Quand je gardais les troupeaux de mon père,
Parfois j'ai vu dans nos champs spacieux,
Un fier lion, sorti de son repaire,
Sur mes brebis s'élancer furieux.
J'ai combattu cet ennemi terrible,
Et du combat si je restai vainqueur,
C'est que la foi me rendait invincible ;
Mais maintenant la foi brille en ton cœur...
Oui, maintenant la foi brille en ton cœur !

Retentissez, harpe sonore, jusques au ciel ;
Chantez celui que l'on adore dans Israël.
    Harpe sonore, retentissez !
Chantez celui que l'on adore dans Israël.
Harpe sonore, retentissez jusques au ciel !

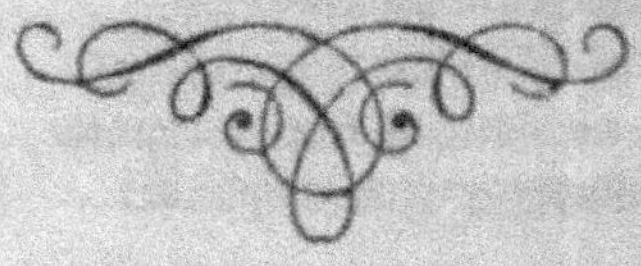

LE PÈRE JÉROME.

AIR : *De Bonhomme.*

Jérôme est dans le village
Plus connu que le loup blanc ;
Je ne fais pas grand tapage
Et dépense peu d'argent.
Un service faut-il rendre,
Pour donner je suis tout prêt,
Puisqu'au ciel Dieu doit me rendre
Tout le bien que j'aurai fait.

    Car, Jérôme
     Est un bonhomme,
Qui n'a pas un gros trésor,
Mais Jérôme chante encor.   *(bis.)*

J'étais une folle tête
De quatorze à dix-huit ans,
Aimé de chaque fillette
Et la terreur des mamans.
Dans les bois ou la prairie
Je jouais aux petits jeux ;
Vieux diable, aujourd'hui je prie
Et j'instruis les amoureux.

A vingt ans, combien de femmes
Qui me faisaient les yeux doux ;
Moi, j'aimais toutes ces dames,
Puisque Dieu dit : aimez-vous !
C'est un bonheur qui, sur terre,
Nous cause bien du chagrin ;
Maintenant je lui préfère
Faute de mieux, le bon vin.

J'ai bien rempli ma carrière,
J'en garde un doux souvenir ;
J'ai fait du bien sur la terre
Et j'ai su me divertir.
A mourir, je me dispose ;
Je veux mourir en riant ;
Que sur ma tombe on dépose :
Ci-gît un vrai bon vivant !

                F. VERGERON.

PRENEZ BIEN GARDE
DE LE PERDRE,

CHANSON SANS RIMES.

Paroles de **Gustave LEROY.**

Air : *Paillasse, mon ami, saute pour tout le monde.*

D'puis vingt ans que j' fais des chansons,
Ai-je aligné des rimes ;
Vous croyez p't-êtr' que c'tte fois-ci
Je vais m' casser la tête.
Vous qui me lirez,
Vous s'rez tout surpris
De trouver des vers libres ;
Si vous êt's un peu
Avar's de votr' temps,
Prenez bien gard' de l' perdre.

Les poèt's dressent à l'amitié
Un bel arc-de-triomphe ;
Vous croyez tous ce sentiment,
Le plus beau d' la nature :
Dans tous vos amis,
Citez m'en un seul
Qui n' surpasse point Tartuffe ;
Et s'il en est un
Qui vous aim' tout d' bon,
Prenez bien gard' de l' perdre.

J' ris des critiques de journaux
Qui, rendant compt' d'un livre,
S' figur'nt être des becs de gaz
Et ne sont qu' des chandelles.
Décriez Hugo,
Disséquez Musset,
Sots corbeaux littéraires ;
Pensant qu' vous aurez
C' que vous n'avez pas :
Prenez bien gard' de l' perdre.

Je connais certains vieux rentiers,
     Enrichis par l'usure,
Qui se moquent des paysans
     Qui plant'nt des pomm's de terre.
          Hommes au cœur sec,
          Comme on fait du b'é,
     Plantez pendant des siècles
          Vos pièc's de cent sous ;
          Et puis, c' qui poussera,
     Prenez bien gard' de l' perdre.

Des gens sans éducation
     S' font gloir' d' leur ignorance ;
Ce qui n'est que du mauvais goût,
     Ils le nomment sans gêne.
          Paraître plaisants
          Est leur grand dada ;
     Vous qui, pour être farces,
          Du pouce et d' l'index
          Vous fait's un mouchoir,
     Prenez bien gard' de l' perdre

Femmes qui trouvez un mari
     Qui rapporte sa paie ;
Et lorsqu'il va dans un café,
     Vous gard' ses morceaux d' sucre ;
          Qui ne ment jamais,
          Qui travaill' toujours,
     Et soit fort sur le poivre ;
          Qui n' se fâche pas
          D'être votre serf :
     Prenez bien gard' de l' perdre.

Etre rich' comm' l'emp'reur des Turcs,
     N'est point ce que j'envie ;
Pour moi, l' bonheur n'est pas toujours
     Des sequins et des p'astres.
          J'aime un morceau d' pain,
          Quand j'étends dessus
     L'orgueil de ma misère.
          Vous, dont l' vrai bonheur
          Est de n'avoir rien :
     Prenez bien gard' de l' perdre.

MA MÈRE et TON CŒUR.

Air : *Viens, belle nuit.*

Sous les balcons d'une brune créole,
Un jeune page avec bonheur chantait
Ces mots charmants à son unique idole,
Qu'avec ivresse heureuse elle écoutait :
Vois, ton esclave à genoux te supp'ie
D'avoir, hélas ! pitié de sa douleur !
Si tu le veux, prend mon sang et ma vie ;   } bis.
Mais, en échange, oh ! laisse-moi ton cœur !

Ah ! lorsqu'un soir, folle, vive et légère,
Tu m'apparus belle de tes printemps ;
J'oubliai tout, jusqu'à ma pauvre mère !
Oui, j'oubliai ma mère aux cheveux blancs !
Elle n'avait cependant sur la terre
Qu'un seul enfant qui faisait son bonheur,
Et cet enfant te préfère à sa mère ;   } bis.
Pour elle, au moins, oh ! laisse-moi ton cœur !

Huit jours après, le jeune et tendre page,
Qu'un doux espoir depuis longtemps berçait,
Plaça galment l'anneau du mariage
A la main blanche et fine qu'il pressait.
Le chapelain, d'une voix attendrie,
Lui dit alors : Je bénis ton bonheur !
Aime toujours, et partage ta vie   } bis.
Entre ta mère et l'ange de ton cœur !

Marc CONSTANTIN.

JE N'AI QU'UN CŒUR
QUI T'AIME

ROMANCE.

Paroles de H. FOUQUES, Musique d'ERNEST POIGNÉE.

La Musique se trouve chez **A. HURÉ**, libraire-éditeur à Paris,
rue Dauphine, n° 44, près le Pont-Neuf.

Oh ! je voudrais être roi de la terre,
Pour t'adorer et te dire à genoux :
Fleur de ma vie au sceptre je préfère,
Tes longs cheveux, ton sourire si doux;
Car les rubis du plus beau diadème
Ne brillent pas comme brillent tes yeux !
Mais, pour tout bien, je n'ai qu'un cœur qui t'aime,
Comme l'on doit adorer dans les cieux.   (bis.)

Je te dirais : veux-tu belle sultane,
Des bains ambrés et des fleurs pour rideau ?
Veux-tu palais, oasis ou savane,
Nuits à Venise et rêves au Lido ?
Fleurs, frais parfums, chants d'amour, doux poème,
Tout t'appartient, mon ange gracieux !
Mais, pour tout bien, je n'ai qu'un cœur qui t'aime,
Comme l'on doit adorer dans les cieux.   (bis.)

Je te dirais : sois ma sainte madone,
Sois le rayon qui dore nos beaux jours;
Sois l'espérance à qui je m'abandonne,
Puisqu'ici bas l'on espère toujours !
Viens partager la puissance suprême,
Bandeau royal sied au front radieux !...
Mais, pour tout bien, je n'ai qu'un cœur qui t'aime,
Comme l'on doit adorer dans les cieux.   (bis.)

LE LAIT ET LE VIN

CHANSON de **Jules DUVERT**.

AIR : Ne grandis pas.

Tétez, tétez au sein de votre mère,
Buvez-en bien, mes chers petits enfants,
De ce lait pur, ce nectar salutaire,
Qui vous conduit galment aux premiers ans !
Depuis longtemps, je n'ai plus ce breuvage,
Et comme moi vous deviendrez plus tard !
    Vous deviendrez plus tard !
Dieu répartit la boisson pour chaque âge :
Je bois du vin, c'est le lait du vieillard !
Je bois du vin *(bis)*, c'est le lait du vieillard !

Ce lait si doux qui convient à l'enfance
Ne peut calmer que des pleurs innocents ;
Mais quand on a passé l'adolescence,
On a besoin de calmants plus puissants !
Privés alors du sein de notre mère
Et de ces soins qu'on ne voit nulle part,
    Qu'on ne voit nulle part.
Mes bons amis, nous tétons dans un verre ;
Le vin, alors, est le lait du vieillard !
Le vin, alors *(bis)*, est le lait du vieillard !

Vient l'âge mûr ; puis, enfin, la vieillesse :
Chagrins, regrets, viennent nous assaillir ;
Mais à quoi bon regretter la jeunesse ?
Le temps passé ne peut pas revenir !
On boit du lait lorsqu'au monde on arrive ;
Mais quand on est au moment du départ,
    Au moment du départ,
Pour arriver galment sur l'autre rive,
Buvons du vin ! c'est le lait du vieillard !
Buvons du vin *(bis)* ! c'est le lait du vieillard !

Dans tous les temps, il nous faut de quoi boire ;
Jeunes ou vieux, chacun en a besoin !
Je le soutiens, et le fait est notoire ;
Chacun de vous peut en être témoin.
Du créateur admirons la sagesse,
Qui ne laissa jamais rien au hasard !
    Jamais rien au hasard !
Il fit le lait, ce vin de la jeunesse,
Comme le vin est le lait du vieillard !
Comme le vin *(bis)* est le lait du vieillard.

LA MÈRE TANT PIRE

SCÈNE COMIQUE,

Paroles de Jules CHOUX,

Musique arrangée par M.....

———

La Musique se trouve chez **A. HURÉ**, libraire-éditeur, à Paris,
rue Dauphine, n° 44, près le Pont-Neuf.

———

REFRAIN (*gaîment*).

Mère *Tant pir'*,
J'aime à *rire*,
Et des médisants
  Les gros mots,
  Les propos,
Qu'ils soient vrais ou faux,
  Me font dire
  Et redire :
  A bas les méchants!
Mais, vivent les cancans!

(*Riant.*) Hé, hé, hé!
  Les gens d' la maison,
  Tous, à l'unisson,
  M'appell'nt la mèr' *Tant pire!*
  J' préfér'rais *Tant mieux;*
  Car, *vivant* près d'eux,
  C'est à *mourir* de rire.

(Parlé.) Hé, hé, hé ! Mon Dieu, oui ! je ris de tout:
cassez-vous une patte, fendez-vous la tête, coupez-vous
la gorge, tombez du haut-mal dans l'*ex-calier*... ou
dans quinze pieds de moutarde... *Tant pire* pour vous,
ça m'est z'égal, j' m'en bats l'œil et j'en ris d'avance ! Et
il y a de quoi rire dans ma maison..., une des plus belles
du *quertier* Saint-Victor, et des mieux tenues ! D'abord,
n'y a pas de portier...; mais, quelle boîte à cancans !
Moi, je les adore ; et quand il n'y aurait que le cinquième
et le sixième étages, ça m' suffirait pour être aux *combles*...
de la *félicité*. — Du reste, c'est tout bon monde..., tous
gens tranquilles : des joueurs d'orgue, des marchands
d' peaux d' lapins, des banquistes, des chiffonniers et un
montreur d'*ours*. Les locataires d'en dessous font ben
un peu la grimace ; mais, on les envoie à l'*ours*, et je ris
de les voir marronner... *Tant pire* pour *eusses!*
(*Elle prise.*) Voilà mon caractère ! (*Au refrain.*)

> (*Biant.*) Hé, hé, hé !
>
> > Faut qu' chaq' visiteur
> > Ait vraiment du cœur,
> > Des jamb's et du courage...
> > Pour chercher l' portier,
> > Du bas d' l'escalier,
> > Jusqu'au *cintième* étage.

(Parlé.) Hé, hé, hé ! Heureusement que j' suis là
pour leur z'y répondre et les mettre *à la porte*... des gens
qu'ils demandent. Ça m' rapporte même que'qu' petites
choses à me mettre sous le nez... Dam, c'est que j' m'en
fourre. (*Prisant en trois temps.* ") Y m'en faut..." et
c'est ben l' moins..." que, leur servant de *suissesse*...,"
j'aie de quoi boire l'*absinthe! (Elle s'essuie d'un revers
de main.*) Hier, j'ai encore reçu trente sous de mossieu
Bricoleau, l'amoureux de c'te pimbêche d'au-dessus...;
elle ne pouvait pas le sentir ; mais, elle le reçoit bien

de d'puis qu'il lui a payé une *crégnoline*, qu'elle ne quitte pas et qu'elle porte toute par devant... On prétend même qu'elle couche avec, c'te tortognon ! Le monde est si méchant ! Du reste, c'est pas probable, puisque, voulant être danseuse aux *délassements*, elle se *fatigue* à faire des entrechiens, des entrechats...., et c'est le voisin Dufessy qui lui montre ça ; c'est vrai. Danser, danser ! y n' font qu' ça toute la nuit. — Je n' sais pas, mais ça m'a fait l'effet d'être une drôle de danse... Comme je disais à m'sieu Bricoleau : qu'ils fassent çi ou ça, c'est leur z'affaire à ces jeunes genss... En attendant, c'est le plancher qu'en souffre et mossieu Bricoleau qui paie les violons..., hé, hé, hé ! (*Prisant.*) Què malheur ! (*Au refrain.*)

> (*Riant.*) Hé, hé, hé !
> A l'étage au-d'ssus,
> C'est d'individus,
> La pir' des fourmilières ;
> De gens d' tous métiers :
> Maçons, charpentiers,
> Fleuristes, culotières...

(Parlé.) Et coétera... C't' étage-là est à lui seul plus peuplé que deux hôtels garnis... et quels locataires ! Ce sont, du côté des hommes : MM. Lichamort, Ferluquet, Boit-sans-Soif, Titi-la-Botte, Lamorauvin, Guenillon et Fouillautas. — Du côté des femmes : mam'zelle Chaudémouche, la p'tite Tripotot, Julie-la-Poissarde, Rose-Mangetout, Bichonette, Crottinette...; de vraies chambrées de savoyards, quoi !... et tout ça *chiffonne* et fricotte ensemb'e. Que' comédie ! — Y a encore là-haut la famille Taupin, qui a z'un établissement au grand air... suss' le Pont-Neuf : le père coupe les chats, la mère tond les chiens et son mari, et la fille va t'en ville. En v'là une qui ferait causer, si on était méchant. — Dernièrement, je m' suis *discutée* avec elle pour une *altercussion* que j'avais eue avec un de ses clients. Figurez-vous qu'y m' demande sa porte, et que, pour me remercier, il m'appelle *Mam' sans cordon!* Certes, je n' suis pas *sucectique ;* mais j' lui dis, les poings sur les *z'anges* : Mam' sans cordon?... Eh ben ! vous êtes encore une drôle de *pratique*, vous, vieux grigou !... C'est qu' vous n' me ferez pas gober, à moi, qu' vous v'nez ici pour vous faire *couper* ni pour vous faire tondre... vous allez t'-en ville... et v'là tout !... montez plus haut, et c'est en face. — V'là c' t' ahuri qui tourne le... bouton S. V. P., et qui entre... où?... (*j'en ris encore*), dans les *Volter clos et... couverts ;* heureusement pour lui, car ils sont en *vendanges*, et il aurait pu être em...nuyé, c't' homme ; y r'descend furieux. C'est ben fait, que j' lui dis ; v'là c' que c'est qu' d'avoir une femme au luméro 99. — Pourquoi ça? qui m' fait. — Parce que on risque de s' laisser conduire par le *nez*... à la porte à côté (*riant*), hé, hé, hé !... Dam, vous sentez... j' pouvais ben lui envoyer ça. (*Elle prise.*) C'était le *cas*... — Et on dira que j' suis une vieille bavarde !... mon Dieu, non ! (*Au refrain.*)

MAISON SPÉCIALE

A. HURÉ.

LIBRAIRE-ÉDITEUR,

RUE DAUPHINE, 44, PRÈS LE PONT-NEUF.

On trouve dans cette Maison tout ce qui existe de Musique, Chant et Airs d'Opéra, publiés en petit format, à 20, 25, 40, 50 et 60 centimes, ainsi que le Catalogue de ces diverses publications. (ECRIRE FRANCO.)

Paris — Typ. CHAUMONT, 6, rue St-Spire.

L'ESCLAVE
DU HAREM.

BALLADE.

Paroles de M. DE CHATEAUBRIANT.

Musique de M. Amédée DE BEAUPLAN.

La Musique se trouve chez M. Cotelle, 8, rue J.-J.-Rousseau.

Le vigilant Derviche à la prière appelle,
Du haut des minarets teints des feux du couchant ;
Voici l'heure au lion qui poursuit la gazelle,
Une rose au jardin : moi, je m'en vais cherchant,
    Moi, je m'en vais cherchant,
Musulmane aux longs yeux, d'un maître que je brave.
File délicieuse, amante des concerts,
    Amante des concerts.
Est-il un sort plus doux que d'être ton esclave ?
    Toi que je sers.   *(bis.)*

Jadis, lorsque mon bras faisait voler la prame
Sur le fluide azur de l'abîme calmé,
Du sombre désespoir les pleurs mouil'aient ma **rame :**
Un charme m'a guéri, j'aime et je suis aimé,
    J'aime et je suis aimé !
Le noir rocher me plaît, la tour que le flot lave
Me sourit, maintenant, aux grèves de ces mers.
    Aux grèves de ces mers ;
Le flambeau du signal y luit pour ton esclave,
    Toi que je sers.   *(bis.)*

Belle et divine es-tu dans toute ta parure ;
Quand la nuit, au harem, je glisse un pied furtif,
Les tapis, l'aloès, les fleurs et l'onde pure
Sont par toi prodigués à ton jeune captif,
    A ton jeune captif.
Quel bonheur, au milieu du péril que j'aggrave,
T'entourer de mes bras, te parer de mes fers,
    Te parer de mes fers !
Mêler à tes colliers l'anneau de ton esclave,
    Toi que je sers !   *(bis.)*

Album du Gai Chanteur. — 2ᵉ vol. 25ᵉ **Livraison.**

LE GOUT POUR LA PLUME

AIR: *de l'Apothicaire*, ou *des Coquilles*.

Vous demandez une chanson,
A vos désirs je dois me rendre ;
Pourtant, j'avouerai sans façon
Que je sais quel sujet prendre.
Souvent, à la fin d'un repas,
Désir de rimer me consume...
Je vais, pour sortir d'embarras
Vous chanter le goût pour la plume. { *bis.*

Dans un modeste appartement,
Je me repose avec délice ;
J'étais jadis, au régiment,
Moins bien couché que La Palice...
Le service était endormant,
Et mon lit, dur comme une enclume,
Me fit entrevoir bien souvent
Que j'avais du goût pour la plume. { *bis.*

La femme d'un peintre en renom
S'éprit d'amour pour un poète ;
Et le mari, trop tard, dit-on,
Découvrit sa flamme secrète.
« Le fait, dit-il, n'est pas nouveau :
« A tout, il faut qu'on s'accoutume...
« Ayant assez de mon pinceau,
« Elle a pris du goût pour la plume. » { *bis.*

Le loup, cet animal si fin,
Est, selon moi, très-malhonnête ;
Ne voulant pas mourir de faim,
Il ressemble à plus d'un poète :
Le loup, ne fait pas de couplets,
Ça n'entre pas dans sa coutume...
C'est.. en dévorant les poulets,
Qu'il montre son goût pour la plume. { *bis.*

Chacun agit d'après ses goûts :
On se bat par goût pour les armes ;
Par goût, les plus adroits filoux
Se sauvent devant les gendarmes.
Par goût, on pleure, on chante, on rit,
On boit, on aime, on prise, on fume...
Par goût, des méchants me l'ont dit :
On n'a pas de goût pour ma plume. { *bis.*

JULES CHOUX.

LES VOITURES DOMANGE

PARODIE.

Par JOSEPH EVRARD et ALAIS.

AIR : *des Feuilles mortes.*

Eh quoi ! vous repoussez, adorable fleuriste,
Mon état, mon amour, et ma main et mon cœur ?
Quand j'ai quitté pour vous Fifin' la coloriste,
Que j'aimais pourtant bien, j'vous l'dis, foi d'v'dangeur !
Vous trouvez qu' mon état n' sent pas la *fleur d'orange,*
C' n'est pas déshonorant, chacun son p'tit emploi...
Quand vous verrez passer les voitures Domange,
Si vous avez du nez, vous penserez à moi !

Pourrez-vous supporter l'odeur de la poudrette ?...
Si vous l' pouvez, dit's-le... Sans vous, mieux vaut mourir !
J' dépose à vos deux pieds, mes trois seaux, ma tinette,
J' laiss' là l'ouvrage en train qui me reste à finir.
Oui, les oiseaux du ciel, au parfum d' ma vidange,
Tombent asphyxiés par l'odeur et l'effroi !
Quand vous verrez passer les voitures Domange,
Si vous avez du nez, vous penserez à moi !

Puisque rien n' peut fléchir votr' personn' que j' courtise,
Et qu' malgré mon amour, vous n' pouvez pas m' sentir ;
J' vous l' jur', foi d' fleur des pois, j' m'en va fair' un' bêtise :
La vidange en son sein va compter un martyr !
Et mon âme en fuyant, sans que rien n' la dérange,
Dira dans tous les lieux à vot' cœur en émoi :
Quand vous verrez passer les voitures Domange,
Si vous avez du nez, vous penserez à moi !!!

LE NOUVEAU PARIS

Paroles d'Eugène BAUMESTER.

Air : *de la Ronde des Chevaliers du pince-nez.*

Tout s'agrandit sur cette terre ;
On agrandit chaque cité,
Et le riche propriétaire
Agrandit sa propriété.
Paris ! toi, la reine des villes,
Tu nous charmes par tes attraits ;
Tu grandis. — Les hommes utiles,
Avec toi marchent au progrès.

Écoutez, mes amis,
Les plaisirs du nouveau Paris.

Paris sera dans la campagne,
Et la campagne dans Paris ;
Du haut d'une verte montagne
Nous verrons notre vieux pays.
Quittons le lieu de notre enfance,
Où l'air nous manque et le soleil ;
Et le cœur rempli d'espérance,
Notre front deviendra vermeil.

Et voilà, mes amis,
Les plaisirs du nouveau Paris.

Le dimanche, imitant l'abeille,
Nous irons courir dans les champs ;
Nous entendrons sous une treille
Les oiseaux, les airs et les chants.

Nous verrons la paysanne
En corset blanc et jupon court,
Grimpant sur le dos de son âne,
Nous montrer plus d'un vrai contour.

Et voilà, mes amis,
Les plaisirs du nouveau Paris.

Nos enfants seront frais et roses,
Nos pères deviendront gaillards;
Quelle douce métamorphose
Pour les enfants et les vieillards,
Le sang, plus vite dans nos veines,
Coulera comme le bon vin;
Sur les côteaux et dans les plaines,
Nous verrons mûrir le raisin.

Et voilà, mes amis,
Les plaisirs du nouveau Paris.

Lorsque l'hiver et son cortège
Viendra pour attrister nos cœurs,
Nous verrons l'humble perce-neige
Du froid, seul, braver les rigueurs.
Lorsque reviendra l'hirondelle,
Au printemps que chacun bénit,
Nous la verrons à tire d'aile
Sous notre toit porter son nid.

Et voilà, mes amis,
Les plaisirs du nouveau Paris.

REVENEZ-NOUS

MÉLODIE

Paroles de I. COLLIN, Musique d'ERNEST POIGNÉE.

La Musique se trouve chez **A. HURÉ**, libraire-éditeur, à Paris,
rue Dauphine, n° 44, près le Pont-Neuf.

Pour chercher un lointain rivage,
Quand au bois la feuille jaunit,
Vous quittez le riant bocage,
Où fut suspendu votre nid,
Chantres aux éclatantes ailes,
Qui modulez des sons si doux,
Pour chanter des chansons si belles, *} bis.*
Revenez-nous, revenez-nous !

La brume d'automne vous chasse,
Le froid lui-même n'a qu'un temps ;
Le soleil chassera la glace,
Après l'hiver vient le printemps,
Quand verdira l'herbe nouvelle,
Petits oiseaux aux chants si doux,
Rapportant une voix plus belle, *} bis.*
Revenez-nous, revenez-nous !

Notre printemps, c'est la jeunesse,
Quand il s'enfuit, c'est pour toujours ;
Notre hiver, à nous, ne nous laisse,
Aucun espoir d'autres beaux jours ;
Hélas ! et nous aurions beau dire,
Rêves d'amour, rêves si doux,
De la jeunesse, saint délire, *| bis.*
Revenez-nous, revenez-nous !

AMOUR ET FANATISME

ROMANCE.

Par Amédée de CARAYON LATOUR.

La Musique se trouve chez **A. HURÉ**, libraire-éditeur, à Paris,
rue Dauphine, n° 44, près le Pont-Neuf.

Procédés TANTENSTEIN.

Enfant, j'aurais voulu te consacrer ma vie,
Vivre de ton amour, mourir à tes genoux ;
J'aurais quitté pour toi mes frères, ma patrie,
Kohel, mon noir coursier, dont l'émir est jaloux !
Pourquoi faut-il que la loi me défende
De m'attacher à toi, pour qui j'eus tout quitté ?
Je dois partir, Allah me le commande,
Pour conquérir et gloire et liberté.

Je vois ton doux regard se voiler d'une larme ;
Tu souffres, comme moi, d'un adieu sans espoir ;
Enfant, cache-le moi, car céder à ce charme,
Ce serait parjurer et trahir mon devoir !
Pourquoi faut-il que la loi me défende
De m'attacher à toi, pour qui j'eus tout quitté ?
Je dois partir, Allah me le commande,
Pour conquérir et gloire et liberté.

LE MARIAGE

DE MON PORTIER,

CHANSONNETTE COMIQUE,

Paroles de **JACQUES MOREAU.**

La Musique se trouve chez **A. HURÉ**, libraire-éditeur, à Paris, rue Dauphine, 44, près le Pont-Neuf.

(PARLÉ.) C'est fini, j' dors plus; J'ai *zune* migraine extra... d'ordinaire, qui met ma pauvre cervelle dans un état continuel d' chaleur, comme qui dirait l' bouillon qui bout, quoi!... Dire q' mamselle Nina, la p'tite fleuriste du cinquième au-dessus d' l'entresol, est seule l'objet d' mes souffrances, d' mes espérances, d' mes rêves toujours pleins d' cauchemars et d' mes soupirs !... Oh ! si elle savait comben elle m'torture... Y a ben de quoi, allez : car elle n'a qu' seize ans et demi à la Saint-Jean prochaine, et puis, elle est jolie, jolie ! Dam, si j' peux en faire un jour ma femme... quell' chance, sapristi !... J' l'y ai pas encore dit qu' mon intention était d' la faire reine d' la loge. Mais... allons Criquet, mon ami, il faut diligenter c't' affaire.

REFRAIN.

Elle sera la maîtresse
De fair' tout ce qu'ell' voudra ;
Je lui promets ma tendresse,
Des bambins, *et cœtera.*

Plaignez-moi ; car, quand je sommeille,
Je n' trouve point de r'pos du tout,
La fata'ité m' suit partout ;
J'entends siffler à mon oreille :
Nina, Nina connaît l' tour !
Tu sens le vieux ; elle est jolie,
Et tu n'as plus assez d'amour,
D'y penser est une folie.

(PARLÉ.) Quand j' suis éveillé, c'est tout de même ; jusqu'aux gamins du quartier qui viennent me l' répéter en passant. Mais j' crois qu' tous ces cancans sont des balourdises noires, et j'ai ben envie d'envoyer s'promener tout c' petit peuple des rues qui vient s' mê'er d' mes amours. Nina est p' être un peu fière, possible ; mais elle ne connaît pas encore l' monde, faut ben lui pardonner ça. Quand elle s'ra ma femme, mame Criquet, enfin, j' suis sûr d'avance que c't enfant f'ra une ménagère d'goût et qu'elle prendra l'amour du cordon. En attendant, moi je d'viens sec comme un coup d' tr'que... C'est égal, tout à l'heure e'le va descendre, comme d'habitude, pour aller chercher du mou pour son chat, et, décidément, j' vas lui parler d' mes projets futurs.

> Elle sera la maîtresse,
> De fair' tout ce qu'ell' voudra ;
> Je lui promets ma tendresse,
> Des bambins, *et cœtera*.

Oh ! que je regrett' ma jeunesse !
Quand j'y pense tous les matins,
Je m' sens accablé de chagrins ;
J' touche l'horizon d' la vieil'esse,
Et c'est ben là mon désespoir.
Hélas ! je crains qu'elle me r'fuse,
En me disant d'aller m'asseoir ;
J'en tremble plus qu' ça ne m'amuse.

— 303 —

(Parlé.) C'est sûr, allez, qu' j'en tremb'e d'avoir le r'fus. Si j'avais l' bonheur d' l'entendre un jour appeler mame Criquet par tous les locataires, j' crois, Dieu m' pardonne, qu' j'en mourrais d' plaisir... Tiens, justement la v'là !... Voyons, pas d' bêtise, Criquet, mon vieux ; fais pas l'enfant, c'est pas l' moment. — Bonjour, mamselle Nina ? — Bonjour, père Criquet ? — Vous êtes ben portante, mamselle ? — Mais oui !... — Et vot' chat aussi ? — Mon chat est comme moi, il se porte à merveille. Mais vous avez l'air tout chose ce matin ; qu'avez-vous donc ? — (A part.) Quelle tuile qui m' tombe sur la tête !... plus moyen de r'culer. (Haut.) Eh ben ! mamselle, tenez, j' suis franc ! Effectivement, j' suis pas comme d'habitude ; j' vous aime et j'osais pas vous l' dire. Voulez-vous d'venir ma femme et vous marier avec moi ? nous tirerons l' cordon ensemble en filant notre amour. — Je l' veux bien, père Criquet, à la condition que je serai toujours la maîtresse, n'est-ce pas ?

Vous seule serez maîtresse
D' faire ce qu'il vous plaira ;
Surtout, jamais de tristesse,
Advienne ce qu'il pourra.

Ce jour seul me faisait env'e,
Car je rajeunis de vingt ans,
Les beaux rêves de mon printemps
Vont encore embellir ma vie,
Une fois reine du cordon,
J'espère que vous serez sage,
Ou je ferai du carillon,
C'est la musique du ménage.

AS-TU FINI!

Air : *Mariez-vous donc !*

Homme bientôt sexagénaire
Et qui veux contracter l'hymen,
De ton amour retardataire
Fais un scrupuleux examen ;
Il ne sera plus temps demain.
Tu crois que fille jeune et belle
Prend un mari tout raccorni
Et pourra lui rester fidèle? — As-tu fini !

Toi, qui penses que la fortune
T'arrivera rien qu'en dormant,
Rejette cette erreur commune ;
On ne l'acquiert tout simplement
Qu'en travaillant assidûment.
Si tu penses que la donzelle
Rendra ton coffre bien garni
Sans jamais courir après elle? — As-tu fini !

Et toi, dont la femme bien sage,
Fait tout pour combler ton désir,
Et qui, pour soigner son ménage
N'a jamais le moindre loisir
Et ne recherche aucun plaisir ;
Pour la payer de sa tendresse,
Et sans crainte d'être honni,
Tu veux avoir une maîtresse? — As-tu fini !

Auteur à la muse énervante,
Qui voudrais nous donner du neuf,
Vas-tu, pour mil huit cent soixante,
Continuer le vrai pont-neuf
De mil huit cent cinquante-neuf?
Où peuvent être tes excuses,
Avec ton esprit infini?
Si tu crois que tu nous amuses, — As-tu fini !

Jules DUVERT.

Paris. A. HURÉ, éditeur et seul propriétaire,
rue Dauphine, n° 44, près le Pont-Neuf.

PARIS. — TYP. CHAUMONT, 6, rue Saint-Spire.

LA VIERGE FOLLE.

RONDEAU.

AIR : *de la Valse de Giselle.*

Dors ! vierge folle ! ivre encor d'orgies,
Où ton sein un prodigua ses faveurs !
Dors ! pour reprendre, au soleil des bougies,
Ton luxe impur, et tes baisers menteurs !

Pauvre égarée ! à l'heure où je soulève
Le blanc rideau sur ton front suspendu,
Ah ! puisse-tu revoir, dans un long rêve,
Tes premiers ans !... ton paradis perdu !

Peut-être as-tu quelque ami de jeunesse ;
Qui, loin de toi, dans le deuil et les pleurs,
Amèrement égraine, en sa tristesse,
Le chapelet de tes vives erreurs?...

Au temps heureux d'un bonheur éphémère,
Peut-être un jour as-tu rêvé d'hymen ?
De blonds enfants qui, t'appelant leur mère,
Joyeux, naïfs, pressaient ta blanche main ?...

Album du Gai Chanteur. —2ᵉ vol. 26ᵉ Livraison.

Et ta beauté, qui paraît virginale.
Sous des baisers lascifs, avilissants,
Assouvira la passion brutale
Que l'or permet au dernier des passants...

Sans tressaillir, sur ta couche d'ivoire,
Vends ton beau corps, marbre veiné d'azur ;
Qu'en se jouant, ta chevelure noire
Parfume l'air de ton boudoir impur !

Lorsqu'il s'éprend d'une impudique fièvre !
Celui qui touche à ta corruption :
Ton front blanchi, qui déteint sur sa lèvre,
Doit devant lui chasser l'illusion !...

Ah ! maudit soit l'homme qui, sur ta route,
Sans honte au cœur, te perdit à jamais ;
Qui, sans pitié, distilla goutte à goutte
Ce poison lent que tu bois à longs traits !...

Dans tes banquets, où l'orgie est amère,
Si le passé t'apparaît souriant.
Crains qu'une larme, en tombant dans ton verre,
N'excite au rire un convive insolent !...

Oui ; car ce monde, au pilori du blâme,
Cloue une femme, insulte à son erreur,
Puis, la flétrit, en souriant, infâme,
A celui-là qui fut son séducteur !...

Oui, car nos cœurs, drapés dans leur suaire
De préjugé et d'égoïste voix,
Laissent encore, au féminin calvaire,
La femme-Christ expirer sur sa croix !...

Dors ! vierge folle ! ivre encore d'orgies,
Où ton sein nu prodigua ses faveurs,
Dors ! pour reprendre, au soleil des bougies,
Ton luxe impur et tes baisers menteurs !...

MANIÈRE DE RÉGLER LE PAS

OU AVIS A LA JEUNESSE.

Air : Les anguilles, les jeunes filles.

Dès que nous entrons dans la vie,
Soutenus par nos bons parents,
Ils se disputent à l'envie
Pour guider nos pas chancelants.
Plus tard, nous arrivons à l'âge
Où l'on doit, dans de certains cas,   } *bis.*
Savoir s'il faut en homme sage
Ralentir ou presser le pas.

Quand on est sans expérience,
On marche vite, et c'est un mal ;
Ne pas observer la cadence
Est en quelque sorte anormal.
Je ne veux pas être rigide ;
Mais je dis que, dans tous les cas,   } *bis.*
Il faut que le motif nous guide
Pour savoir régler notre pas.

Un pas fait beaucoup dans le monde,
Suivant qu'il produit son effet ;
Souvent une douleur profonde
Fait maudire un pas qu'on a fait !
Jeunes gens qui marchez trop vite,
Pour jouir de certains appas,   } *bis.*
Ah ! croyez-moi, rentrez au gîte,
Où vous regretterez vos pas.

Pour faire acquitter une dette
D'un malheureux dans un grabat,
Sans feu, sans pain, sur sa couchette,
Marchez, marchez à petit pas !
Mais pour soulager la souffrance,
Pour donner du pain qu'il n'a pas,   } *bis.*
Au malheureux dans l'indigence,
Marchez, marchez, pressez le pas !

Vous qui cherchez le mariage
Et ne voyez que les appas,
Pour vous conduire en homme sage,
Marchez, marchez à petits pas.
Mais auprès de fille modeste,
Qui vous aime sans embarras,   } *bis.*
Sans vous préoccuper du reste,
Marchez-vous, pressez le pas !

Jules DUVERT.

QU' ÇA N' SOIT PAS MOI
QUI VOUS DÉRANGE!

Air : *Excusez, si je vous dérange!*
ou *du Charlatanisme.*

J'aime un silence approbateur,
Je l'exige même, et pour cause ;
J'ai la voix faible et j' suis auteur,
Ce nom là toujours en impose.
Mais vous, que j'entends babiller,
Si la langue, amis, vous démange,
Pendant que j' vais m'égosiller,
Vous pouvez parler ou crier...
Qu' ça n' soit pas moi qui vous dérange !

Par un marchand d' vin dont j' tais l' nom,
Vu qu'il ne fait rien à l'histoire,
Voulant m' fair' payer un canon,
Je fus à son laboratoire.
C' garçon m'apprit qu'il haïssait
Qu'un tonneau restât en vidange ;
Mais de l' remplir, comme il cessait,
J' lui dis : continuez, j' vois c' que c'est ;
Qu' ça n' soit pas moi qui vous dérange !

Savez-vous comment j' devins veuf?

J' voyageais avec mon épouse ;

Un voleur, dans l' métier fort neuf,

Nous attaque près de Toulouse.

Déjà je m' croyais un homm' mort ;

Mais y n' me prend, bonheur étrange !

Que ma femme, et se sauve encor...

J' lui criais : n'allez pas si fort !...

Qu' ça n' soit pas moi qui vous dérange !

J' vois un homme un jour se noyer,

Et n'écoutant que mon courage,

Soudain sans me déshabiller,

Pour l' sauver, je m' jette à la nage !

Je v'nais à pein' de l' repêcher,

Qu'il se pend à la port' d'un' grange ;

J' lui dis, en l' voyant s'accrocher :

Mon vieux, vous fait's bien d' vous sécher ;

Qu' ça n' soit pas moi qui vous dérange !

DÉSIRÉ ROGER.

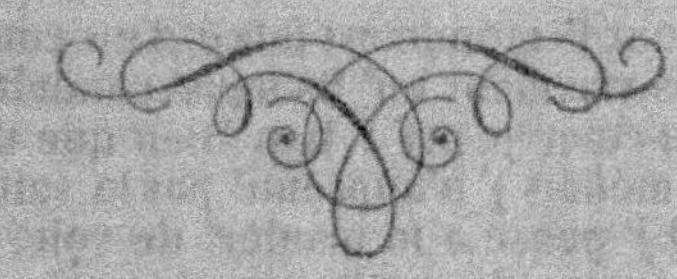

DE ÇA N'EMPÊCHE PAS

LES
ESCAPADES DE MAURICE.

Air : *Ça vous coupe... à quinze pas.*

Mauric', mon garçon, vrai, je n' t'emmen'rai plus
    Dîner l' dimanche à la Courtille ;
Ta conduit', mon cher, tourn' vraiment à l'abus ;
    Tu déshonor's mêm' ta famille !
    Tu cherch's disput', tu bois, tu t' bats ;
Tu mets, mon vieux, les pieds dans tous les plats ;
    D' ta conduite n' sois pas si fier :
    Qu'as-tu fait là, Maurice, hier ?...

J'entre à *la Vieilleuse*, et j'vois Jean ton cousin,
    Qu'est un brave et franc militaire ;
A pein' si t'avais bu seul'ment un doigt d' vin,
    Pan ! v'là qu' tu lui cherch's une affaire ;
    Tu tomb's sur lui comme un brutal,
Lui qui t'aimait, tu fus son caporal ;
    D' battre un ami n' sois pas si fier :
    Qu'as-tu fait là, Maurice, hier ?

Quand chacun, comm' moi, sait tout c' que tu fis d' mal
    (J' te l' rappelle à propos d' ta mère),
Tu t'es conduit comme un féroce animal
    A l'égard d' cell' qui t' fut si chère !
    En vain, j' voulus t' faire avouer
Que d' ses bienfaits tu n'avais qu'à t' louer...
    Va, fils ingrat ! n' sois pas si fier !
    Qu'as-tu fait là, Maurice, hier ?...

C't affaire-là, longtemps t' restera sur le cœur ;
    J' veux qu' toi-même un jour tu t'en blâmes.
Qui sait si tu n' vas, poussant plus loin l'erreur,
    Battre des enfants et des femmes ?
    J' voudrais bien pouvoir t'excuser,
Malheureus'ment je n' peux que t' mépriser.
    De tes exploits n' sois pas si fier,
    Qu'as-tu fait là, Maurice, hier ?

Avec moi tout l' monde est forcé d'en convenir,
    Qu' t'as vraiment un' fâcheus' conduite ;
D' tout mon cœur je pri' l' bon Dieu que dans l'avenir
    D' tes méfaits j' n'apprenn' pas la suite.
    Quand j' pense à ta manièr' de voir,
Ça m' fait pleurer du matin jusqu'au soir.
    J' te l' disais bien, n' sois pas si fier :
    Qu'as-tu fait là, Maurice, hier ?

J. ÉVRARD.

CORSAIRE ET GONDOLIER

SCÈNE.

Paroles et musique de **Édouard de PAEP.**

La Musique se trouve chez **A. HURÉ**, libraire-éditeur à Paris,
rue Dauphine, n° 44, près le Pont-Neuf.

Procédé LANGENSTEIN.

Veux-tu quitter ta gondole légère
Pour ce vaisseau que tu vois dans le port?
Là, je suis roi; là, flotte ma bannière;
Là, mon refrain, c'est le droit du plus fort.
Et s'il te faut une esclave soumise,
Je puis encore, ami, te la donner ;
Elle est à moi, c'est ma part d'une prise;
Viens..., ses beaux yeux pourront te consoler.
    Beau gondolier, etc.

Laisse, crois-moi, dormir en paix ta belle ;
Ma barque est là, pourquoi tarder encor?
Sèche tes pleurs, la fortune t'appelle :
Demain, demain, de la gloire et de l'or!
Viens, suis mes pas, déjà ton front rayonne ;
L'espoir, enfin, a ranimé ta foi.
Plus de regrets, partage ma couronne ;
Console-toi, frère, console-toi.
    Beau gondolier, etc.

MON DIEU! QUE J' TRAVAILL' BIEN!

A MON AMI VERGERON.

MON DIEU! QUE J' TRAVAILL' BIEN!

Viens donc, ô muse guillerette,
M'inspirer une chansonnette ;
Car, pour rimailler maintenant,
    J' suis qu'un fainéant.   (bis.)
Mais, si tu daignes me sourire,
Soudain tu vas m'entendre dire,
Joyeux et fier de ton soutien :
Mon Dieu ! que j' travaill' bien !   (bis.)

Lorsqu'un disciple d'Esculape
Me défend le jus de la grappe,
Pour me rendre mieux portant,
    J' suis qu'un fainéant.   (bis.)
Mais si Bacchus, que je révère,
Me dit : bois toujours, à plein verre !
Confiant en ce galien,
Mon Dieu ! que j' travaill' bien !   (bis.)

Auteurs de la nouvelle école,
Dont l'invraisemblance désole,
Pour voir vos drames maintenant,
    J' suis qu'un fainéant.   (bis.)
Mais si parfois du grand Corneille
L'on joue encore une merveille,
Pour applaudir le neustrien,
Mon Dieu ! que j' travaill' bien !   (bis.)

Jamais, pour aller à la guerre,
Je ne partirai volontaire ;
Car, pour devenir conquérant,
    J' suis qu'un fainéant.   (bis.)
Mais, s'il faut trinquer à la gloire
Des fiers enfants de la victoire,
Vainqueurs du sol algérien,
Mon Dieu ! que j' travaill' bien !   (bis.)

Prosper MASSE.

C'EST D'LA GNOGNOTTE !

CHANSON COMIQUE.

Par ÉMILE DEBRAUX.

Quoique dans l'opulence,
L'homme verse des pleurs ;
Mais chérit l'existence,
Car la vie a des fleurs.
Quand on s' passe, en ribotte,
Du bon vin par le cou,

quand on a dans sa poche deux, trois écus, qui courent
l'un après l'autre, et avec lesquels on peut s' faire des
bosses, c'est alors que la vie de l'existence est agréable !
Mais !!!

Mais, morbleu ! quand on n'a pas l' sou,
C'est d' la gnognotte.   (bis.)

J'aime petite table,
Où, près de ses amis,
Avec gaité l'on sable
De petit vins choisis ;
Momus, quand on sirote,
Ne dit jamais : Holà !

¡Mais ces grands repas d'étiquette, où l'on se trouve tou_
ours entre M. Pincé et Mme Mijaurée, où un grand

escogriffe de laquais, perché sur vot' chaise, vous enlève les plats avant que vous ayez mis la main d'sus... ah !...

> Ventrebleu ! ces grands dîners-là,
>   C'est d' la gnognotte ! *(bis.)*

> Au diabl' l'amant fidèle !
> Comme il en est parfois,
> Qui n'os' toucher sa belle,
> Pas même du bout du doigt ;
> Qu'il s'emberlificotte
> Dans ses tendres aveux...

Moi, morbleu, pas si bête ! Quand les yeux d'une femme m'ont mis je n' sais comment, je lui dit : Écoutez, je n'suis pas beau garçon, c'est vrai ; j' suis mal fagotté, c'est encore vrai ; mais j' suis si bon enfant... Si ça vous convient, touchez là !... si ça n'vous convient pas, bonsoir !... Car,

> Soupirer, tortiller des yeux,
>   C'est d' la gnognotte ! *(bis.)*

> Quand il s'agit d' mariage,
>   C'est un cas différent ;
> Il faut qu' la femme soit sage,
> Et puis qu'elle ait d' l'argent ;
>   Fût-elle, en papillote
> Aussi bell' que Vénus... *(bis.)*

Eût-elle la grâce de Junon, la fraîcheur d'Hébé, la jeunesse de Flore, la sagesse de Minerve, en un mot, fût-elle aussi jolie, aussi aimable que vous, Mesdames, c'est égal...

> Du moment qu'ell' n'a pas d'écus,
>   C'est d' la gnognotte. *(bis.)*

> Vive le mandataire,
> Qui, fier de son devoir,
> Dans tous les temps préfère
> La justice au pouvoir;
> Si jamais il ne vote
> Que le maintien des lois...

Il est sûr, à son retour, d'entendre dire autour de lui:
Morguenne! v'là un gaillard qui défend joliment l' pauvre
monde; c'est un homme comme il nous en faut; car,
morbleu! on dira tout c' qu'on voudra, mais...

> Un député qui vend sa voix,
> C'est d' la gnognotte ! (bis.)
> J'aime assez la musique,
> Sans être connaisseur,
> Et vraiment je me pique
> Contre cet amateur,
> Qui, pour une gavotte
> Qu'on l'invite à chanter...

s'excuse en faisant la grimace, dit qu'il ne sait rien par
cœur, qu'il n'est pas en train, qu'il n'a pas de voix, que
la guitare n'est pas d'accord, ou que les cordes sont
trop dures, le manche trop long et les sillets trop courts;
enfin...

> S' fair' prier pour chanter du nez.
> C'est d' la gnognotte ! (bis.)

Paris, A. HURÉ, éditeur et seul propriétaire,
rue Dauphine, 44, près le Pont-Neuf.

Paris — Typ. CHAUMONT, 6, rue Saint-Spire.

VERSE-MOI, LISETTE

CHANSONNETTE,

Paroles et Musique de F. VERGERON.

La Musique se trouve chez **A. HURÉ**, libraire-éditeur, à Paris, **rue Dauphine, n° 44, près le Pont-Neuf.**

Verse-moi du vin, verse-moi, Lisette,
Verse-moi tout plein
Pour noyer le chagrin ;
Et quand nous aurons l'humeur guillerette,
Prenons pour leçons
De folles chansons.
Lisette, grisette,
Verse-moi du vin tout plein ;
Fillette, brunette,
Pour noyer le chagrin !

Afin de payer le propriétaire,
Nous avons vendu ce qui nous restait ;
Pauvres amoureux, nous couchons par terre,
Nous dansons souvent devant le buffet.
Il faut, ma Lisette, reprendre courage,
Car j'ai maintenant meilleure santé ;
Et j'ai, grâce à Dieu, repris mon ouvrage :
Avec le travail revient la gaîté.
Verse-moi du vin, etc.

Album du Gai Chanteur. — 2ᵉ vol. 27ᵉ Livraison.

J'avais des amis ; les jours de bombance,
Ah ! comme ils m'aidaient à manger mon bien ;
Mais je fus par eux mis à l'indigence ;
Je n'ai plus d'amis, car je n'ai plus rien.
Mon père gaiment termina sa vie ;
J'ai juré, Lisette, à son lit de mort,
D'aimer le bon vin et femme jolie ;
Pour tout oublier, je redis encor :
    Verse-moi du vin, etc.

Qu'avons-nous besoin de vin de Champagne ;
Prenons pour nectar l'humble petit bleu ;
L'on peut, grâce à lui, battre la campagne ;
Il est naturel et nous coûte peu.
Je lui dois l'oubli de notre détresse,
Tes serments d'amour, tes baisers brûlants ;
Ivre de plaisir, douce enchanteresse,
Je dis dans tes bras, en perdant les sens :
    Verse-moi du vin, etc.

Que tout à nos yeux soit couleur de rose ;
N'envions jamais que folles amours ;
Les jours que pour nous le bon Dieu dispose,
S'ils sont peu nombreux, seront de beaux jours.
Lorsqu'un malheureux frappe à notre porte,
Tendons lui la main, et place au logis.
C'est à cent pour cent qu'un bienfait rapporte ;
Les gueux pour les gueux sont de vrais amis.
    Verse-moi du vin, etc.

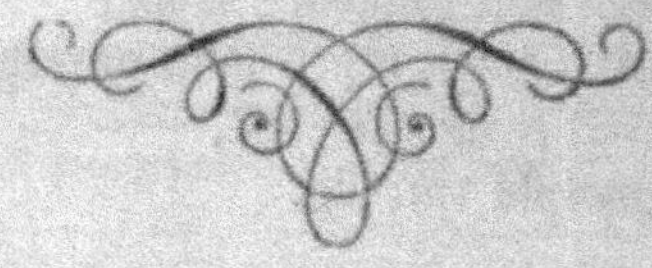

CE QUE C'EST
QUE L'AMOUR.

AIR : *Pour faire un nid.*

Tu me demandes, Marguerite,
En causant avec moi le jour,
De ta bouche rose et petite,
Parfois, ce que c'est que l'amour.
L'amour, à ton âge, ma belle,
Lorsqu'on a seize ans révolus,
Ne se montre jamais rebelle
Et vous place avec ses élus.

L'amour possède un doux visage ;
Il règne à la ville, à la cour ;
Mais, il est trompeur et volage :
Voilà ce que c'est que l'amour.

Tout fait l'amour dans la nature ;
Le papillon le fait aux fleurs ;
Le ruisseau, dans son doux murmure,
Fait l'amour en versant des pleurs.
Le soleil le fait à la terre,
Le zéphir le fait aux forêts ;
L'oiseau fait l'amour sans mystère
Sur les branches, dans les guérets.
    L'amour possède, etc.

Lorsque ma main cherche la tienne,
Quand je regarde tes beaux yeux,
Je voudrais que tu m'appartienne,
Pour goûter le bonheur des dieux.
Lorsque ta voix pure et candide
Me répond avec sa bonté,
Mon pauvre cœur devient timide :
C'est de l'amour, en vérité.

De l'amour, vrai, c'est le langage,
Dit la jeune fille à son tour ;
Je t'aimerai ; mais, sois bien sage,
Je sais ce que c'est que l'amour.
Eugène BAUMESTER.

LES AMBITIONS DE JEANNOT.

CHANSONNETTE

Paroles du Vte E. DE RICHEMONT, Musique de V. ROBILLARD.

La Musique se trouve chez A. HURÉ, libraire-éditeur à Paris,
rue Dauphine, n° 44, près le Pont-Neuf.

Oh ! si j'avais cent sous
A moi dans ma pouquette,
Quel bonheur, quelle fête ;
Que je serais d' jaloux !
J' m'en irais à la foire,
Comme maître gros Jean,
Pour chanter rire et boire
Et montrer mon argent,
J'entendrais des fillettes
Le cœur faire tic tac,
J' verrais les marionnettes,
J'achet'rais l'almanach.

Pourquoi faut-il qu'un songe
Soit toujours un mensonge ?
Oh ! si j'avais cent sous,
Si j'avais cent sous,
Que je serais d' jaloux !

Mais si j'avais cent francs,
Oh ! c'est une autre affaire !
Tout comme un vrai notaire
Je porterais des gants ;
En vill' comme petit Jacques,
J'irais les samedis,
Avec un' bell' casaque
Couleur gris de souris ;
J'aurais, pour faire envie,
De beaux souliers sans clous,
Du tabac d' la régie,
Une pip' de deux sous.

Pourquoi faut-il qu'un songe
Soit toujours un mensonge ?
Oh ! si j'avais cent francs,
Si j'avais cent francs,
Que j' passerais d' bon temps !

Mille francs, quel souhait!
Mais, c'est à n'y pas croire?
Chacun, comme à Grégoire,
M'ôterait son bonnet,
J'aurais un attelage
A faire envie aux rois;
Je n' voudrais plus l' partage
Des biens comme autrefois;
Je prendrais deux servantes
Et me nourrirais bien,
Je vivrais de mes rentes
Et ne ferais plus rien.

Pourquoi faut-il qu'un songe
Soit toujours un mensonge?
Si j'avais mille francs,
Si j'avais mille francs,
Oh! je vivrais cent ans!

Voyez le vieux Thomas,
Quelle mine joyeuse,
Quelle existence heureuse,
En se croisant les bras;
Oui, mais dans sa jeunesse,
On dit qu'il n'avait rien,
Qu'en travaillant sans cesse
Il amassa son bien.
Ce bien que l'on souhaite
Ne vient pas en dormant,
Faut toujours qu'on l'achète,
Et c'est en travaillant.

Oui, pour qu'un pareil songe
Ne soit pas un mensonge,
L'argent que l'on n'a pas,
L'argent que l'on n'a pas,
On l' gagne avec ses bras.

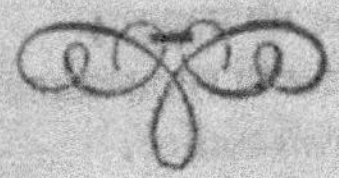

LE CONTREBANDIER

Paroles de LÉON MAUD'HEUX, Musique d'ERNEST POIGNÉE.

La Musique se trouve chez **A. BEURRE**, libraire-éditeur à Paris,
rue Dauphine, n° 44, près le Pont-Neuf.

Contrebandiers, vite en campagne,
Au rendez-vous, accourez à ma voix ;
J'ai découvert dans la montagne
Certain chemin qui fuit au fond des bois.
A travers cet étroit passage,
Marchez en narguant le douanier :
Gaité, sang-froid, ruse et courage
Sont vertus de contrebandier. } *bis.*
Sont vertus de contrebandier.

Amis, marchez avec prudence,
Gardez vos pieds des cailloux du chemin ;
Le soldat qui veille en silence,
Entend au loin les échos du ravin.
Grâce au succès, celle que j'aime
Aura bijoux, bague, collier ;
Mais, pour son cœur, le bien suprême, } *bis.*
C'est l'amour du contrebandier.
C'est l'amour du contrebandier.

Si quelque balle meurtrière
De mes exploits interrompait le cours,
Prenez soin de ma vieille mère,
Que dans l'aisance elle achève ses jours.
Veillez aussi sur l'innocence
De celle qui sût me charmer ;
Puis, vengez-moi, car la vengeance } *bis.*
Est plaisir de contrebandier.
Est plaisir de contrebandier.

LE PETIT
MOUSSE NOIR

ROMANCE.

Paroles de MARC CONSTANTIN,

Musique de P. CHERET.

Procédés TANTÉNSTÉIN

Quand je partis, ma bonne mère
Me dit : Tu vas sous d'autres cieux ;
De nos savanes, la chaumière
Va disparaître de tes yeux.
Pauvre enfant, si tu savais lire,
Je t'écrirais souvent, hélas !…
      Filez, filez, etc.

On te dira dans le voyage,
Que pour l'esclave est le mépris ;
On te dira que ton visage
Est aussi sombre que les nuits.
Sans écouter, laisse les dire ;
Ton âme est blanche, eux n'en ont pas !
      Filez, filez, etc.

Ainsi chantait, sur la misaine,
Le petit mousse de tribord ;
Quand tout-à-coup, le capitaine
Lui dit, en lui montrant le port :
Va, mon enfant, loin du corsaire ;
Sois libre et fuis des cœurs ingrats.
Tu vas revoir ta pauvre mère,
Et le bonheur est dans ses bras !
Oui, le bonheur est dans ses bras !

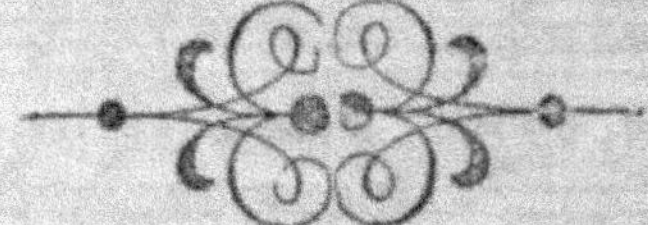

LE FONTAINIER

CHANSON.

Paroles de E. MAYER et J. LA VILLETTE.

Musique de ERNEST MAYER.

La Musique se trouve chez A. HEUGEL, libraire-éditeur à Paris,
rue Dauphine, n° 44, près le Pont-Neuf.

Lorsque, jadis, Noé planta la vigne,
Ne fit-il pas le désespoir de l'eau ?
De son auteur, le vin se montra digne,
Et la fontaine a fait place au tonneau.
Dans ce temps-là je n'étais pas au monde,
On ignorait mon art et ses cornets ;
Mais à présent, je viens maîtriser l'onde,
Nouveau Neptune, avec mes robinets.
(Imiter à volonté la trompette du Fontainier.

REFRAIN.

Coule, coule, coule, fontaine,
Coule, coule, mais souviens-toi,
Que ton ton ton, que ton ton taine,
Des fontainiers, je suis le roi !

Quand, le matin, je quitte ma mansarde,
Dans tous les sens, je traverse Paris ;
Le nez en l'air, sans cesse je regarde,
Si par bonheur quelque bonne a compris ;
Le soir, chez moi, je compte ma recette
En bénissant le ciel et mon métier,
Je dors en paix, attendant la trompette
Qui sonnera le jugement dernier.

Coule, etc.

Je le sais bien, j'écorche un peu l'oreille
Des maëstro, surtout des gens nerveux ;
Mais, travailleur, ma trompette t'éveille,
Le mal de l'un rend souvent l'autre heureux ;
Si quelque jour tu veux de la science,
M'a dit mon père, atteindre le niveau,
Pour étancher ta soif d'intelligence
Prends, mon enfant, La Fontaine et Boileau.
    Coule, etc.

De mon état, j'aime l'indépendance ;
Comme il me plait, je le fais avec goût ;
Sur mon avoir je base ma dépense,
Libre et joyeux je vis content de tout.
Peut-être un jour l'inconstante fortune,
Dans mon logis fera bouillir le pot ;
La laisser fuir est chose assez commune,
Le fontainier ne sera pas si sot.
    Coule, etc.

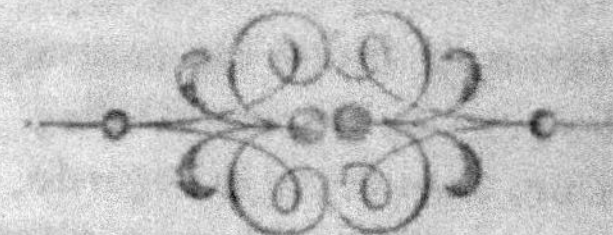

LES
HOMMES D'AUTREFOIS

En faible auteur, j'oserai de l'histoire,
Vous rappeler quelques faits glorieux,
De ces Romains d'immortelle mémoire,
Servant d'exemple aux peuples valeureux.
O nation ! en héros, si féconde,
Tout l'univers admire tes exploits ;
Tes citoyens furent maîtres du monde } bis.
Voilà, voilà, les hommes d'autrefois !

De Régulus, admirez le courage,
Quand député, vers ses concitoyens,
Las d'obéir aux ordres de Carthage,
D'en triompher leur dicta les moyens.
La mort, dit-il, va terminer mes peines,
En retournant chez les Carthaginois ;
Plutôt mourir que de porter des chaînes !... } bis.
Voilà, voilà, les hommes d'autrefois !

Virginius, homme par trop sévère,
Tu ne voulus que le triumvirat ;
Du déshonneur, sauvant ta fille chère,
Et de ta main l'innocente expira.
En te blâmant, hélas ! je te révère ;
Car, de l'honneur, n'écoutant que la voix,
Tes sentiments furent ceux d'un bon père : } bis.
Voilà, voilà, les hommes d'autrefois !

Quand, de Brennus, l'armée ambitieuse,
Crut, des Romains, anéantir l'Etat,
Offrant la paix, mais une paix honteuse,
Qu'au poids de l'or achetait le Sénat.

Avec fureur renversant la balance,
Vous n'aurez rien, dit Camille aux Gaulois :
Tremblez, fuyez, c'est le jour de vengeance... |
Voilà, voilà, les hommes d'autrefois ! | *bis.*

Qui ne frémit au jugement terrible
Du grand Brutus, orgueil du nom romain ?
Pour ses deux fils, son cœur fut insensible...
Ils apprêtaient le retour de Tarquin !
On prie en vain ; ce père inexorable
Les fait tomber sous le glaive des lois,
Et, sans pâlir, voit leur fin redoutable : |
Voilà, voilà, les hommes d'autrefois ! | *bis.*

Lorsque César, qui, d'un esprit si ferme,
Bravait la mort au milieu des combats ;
De sa grandeur ayant atteint le terme,
De vingt poignards eut reçu le trépas.
Il succomba, tyran de sa patrie,
Voulant porter les attributs des rois...
Pour la venger, Brutus se sacrifie : |
Voilà, voilà, les hommes d'autrefois ! | *bis.*

Nobles Français, enfants de la victoire
De ces guerriers, vous êtes les rivaux,
Et vos neveux chanteront votre gloire
Quand vous serez dans la nuit des tombeaux,
Avec orgueil, ils porteront les armes,
De ces soldats, héros de tant d'exploits,
Et s'écriront, les yeux baignés de larmes : |
Voilà, voilà, les hommes d'autrefois ! | *bis.*

Paris, A. HURÉ, éditeur et seul propriétaire,
rue Dauphine, n° 44, près le Pont-Neuf.

Paris, — Typ. CHAUMONT, 6, rue Saint-Spire.

FERA MIEUX
QUI POURRA,

CHANSONNETTE,

Chantée par M. GOZORA.

Paroles de Francis Tourte,

Musique de Louis ABADIE.

La Musique se trouve chez M. MISSLER, 19, rue Vivienne.
Et chez A. HURÉ, libraire-éditeur, 44, rue Dauphine,
près le Pont-Neuf.

— Je suis la petite Marie ;
Mais j'ai grandi de trois bons doigts,
Grand'mère, il faut qu'on me marie,
J'aurai quinze ans, viennent les noix.
— Mon enfant, on rêve à ton âge.
Écoute, avant de te lier,
Ce qu'a dit sur le mariage
Un grand saint du calendrier :
Mariez-vous, je le répète,
Vous ferez bien, soyez heureux ;
Ne vous mariez pas, fillettes,
Et vous ferez encor bien mieux !

— Je sais que sur le mariage
Les grands parents glosant tout bas,
Tiennent à peu près ce langage
Aux filles qui n'y croient pas ;
Je sais qu'au jour de votre noce,
Devant le futur peu content,
Avant de monter en carosse,
Votre mère en a dit autant :
Mariez-vous, je vous le répète,
Vous ferez bien, soyez heureux ;
Ne vous mariez pas, fillettes,
Et vous ferez encor bien mieux !

— Puis à ma mère, votre fille,
Vous avez tenu ce discours ;
Ça se transmet dans la famille,
Où je vois qu'on signe toujours.
C'est une assez bonne pensée ;
Ce langage, je le tiendrai
A toute fille un peu pressée,
A mes enfants quand j'en aurai.
Votre saint à raison, grand'mère,
Je dis : Marions-nous, oui-dà ;
Commençons d'abord par bien faire,
Après fera mieux qui pourra !

LE CHRIST AU RABOT

Paroles de **Théodore LECLERC**, de Paris.

AIR : *Pour faire un nid.*

Doté d'une essence divine,
Envoyé par le Tout-Puissant,
Dans un hameau de Palestine,
Jadis habitait un enfant.
Or, c'était le fils de Marie,
Jésus, le pauvre charpentier !
Loin de sa céleste patrie,
Il répétait à l'atelier :

REFRAIN.

« Quand par le labeur tout féconde,
« Loin d'en faire un épouventail,
« Je veux, pour le bonheur du monde,
« Donner l'exemple du travail. »

Prenant, dès que paraît l'aurore,
La bisaiguë et le rabot ;
Plein de l'ardeur qui le dévore,
Pour lui c'est le goût le plus beau.
De joie alors son regard brille,
Disant : « Imite-moi, chrétien ;
« Le travail seul à ta famille
« Donnera le pain quotidien. »

Un matin, que par aventure,
Près de lui sa mère pleurait,
En lui pansant une blessure,
Avec douceur, il lui disait :
« De vous voir sourire, il me tarde ;
« O ma mère ! séchez vos pleurs !
« Pour l'avenir, le ciel vous garde
« De bien plus poignantes douleurs.

« Mortels, livrez-vous sans relâche
« Au travail, ma plus sainte loi ;
« Surtout, pour adoucir la tâche,
« Que dans vos cœurs entre la foi.
« Mais, apôtres de la science,
« Dont s'honore l'humanité,
« Pour voir combler votre espérance,
« Ayez toujours la charité. »

EN AVANT LA RIGOLADE.

REFRAIN POPULAIRE.

Place pour l'ami Grégoire,
Tenez-lui son verre plein ;
Il est toujours prêt à boire,
Prêt à noyer le chagrin.
C'est au bruit des gais glous glous,
Qu'Oreste a connu Pilade :
En avant la rigolade,
La rigolade entre nous.

Dites-moi ce qu'il faut faire,
Pour bien vivre maintenant ?
Je voudrais vivre à rien faire,
Comme fait plus d'un manant.
Il me faudrait, dites-vous,
Ruiner plus d'un camarade :
J'aime mieux la rigolade,
La rigolade entre nous.

Je voudrais une maîtresse
Ayant riches falbalas ;
Je suis vieux, et ma richesse
Ne peut payer tant d'appas.
Lison me fait les yeux doux,
Et la mutine est maussade :
En avant la rigolade,
La rigolade entre nous.

Quoi de plus doux sur la terre
Que cinq ou six bons amis,
Chantant et choquant le verre,
Se quittant à moitié gris;
Pour eux, les sages sont fous,
Et le censeur est malade :
En avant la rigolade,
La rigolade entre nous.

Aux enfers s'il faut me rendre,
Que Dieu parle et je suis prêt.
Non ! j'ai ma paillasse à vendre,
Je la boirai d'un seul trait.
On n'en donne que dix sous,
C'est ma dernière rasade :
En avant la rigolade
La rigolade entre nous.

F. VERGERON.

COMME A VINGT ANS

Mélodie chantée par Jules LEFORT.

Paroles d'ÉMILE BARATEAU. Musique d'ÉMILE DURAND.

La Musique se trouve chez A. IKURÉ, libraire-éditeur à Paris,
rue Dauphine, nᵒ 44, près le Pont-Neuf.

Le soleil se levait
A l'horizon d'opale ;
L'alouette achevait
Sa chanson matinale !...
La joie était partout ;
Dans chaque fleur nouvelle,
Aux bois, aux prés, surtout
Au nid de l'hirondelle !...
Et moi-même, joyeux du retour du printemps,
Je me mis à chanter, comme on chante à vingt ans ! } *bis.*

Puis je vis s'avancer
Une enfant, blonde et belle !
Comment vous retracer
Ce qui charmait en el'e ?
Ah ! rien qu'en la voyant,
Au bord de l'onde pure,
Se pencher souriant.
On l'aimait, je le jure...
Et moi qui l'aperçus, hélas ! quelques instants,
Je me mis à rêver comme on rêve à vingt ans ! } *bis.*

Je vis, le lendemain,
Non plus au bord de l'onde ;
Mais assise au chemin
La jeune fille blonde !
Je vis qu'ils étaient deux...
A deux l'âme est joyeuse !
Comme il était heureux !
Comme elle était heureuse !
Et moi, dans mon bonheur de les voir si contents,
Je me mis à pleurer, comme on pleure à vingt ans ! } *bis.*

LA FAUSSE NOYADE

DE MATHURIN DE LA BRUYÈRE

FANFARE DE CHASSEURS

Paroles recueillies par **AMELINE.**

Musique arrangée par JULES JAVELOT.

Sa femme, fine mouche,
Lorsque revint le soir,   (bis.)
Clôt la porte et se couche,
S'endort, et puis bonsoir.   — O hé! etc.

Mathurin, en ribotte,
Revint vers les minuit   *(bis.)*
Patauger dans la crotte,
Voulant rentrer chez lui.   — O hé! etc.

Il trouve porte close
Et se met à frapper ;   *(bis.)*
Sa femme qui le glose,
Dit : Je vais l'attraper.   — O hé! etc.

Mathurin, dans la mare,
Dit qu'il va se *nayer* ;   *(bis.)*
Sa femme lui déclare
Qu'il pourrait se mouiller.   — O hé! etc.

Point n'y avait de lune :
Un corps tombe dans l'eau ; *(bis.)*
La femme, sans rancune,
Court sauver notre sot.   — O hé! etc.

Caché près de la porte,
Mathurin s'introduit ;   *(bis.)*
Puis, il court sans escorte
Se cacher dans son lit.   — O hé! etc.

Son épouse rebelle
Cherchait avec ses gens,   *(bis.)*
Pour trouver l'infidèle
Au fond de l'eau, céans.   — O hé! etc.

Au lieu d'homme, une poutre,
Un gros morceau de bois,   *(bis.)*
Flottait avec la loutre
De notre vieux sournois.   — O hé! etc.

Lors, l'épouse colère,
Retourne à la maison ;   *(bis.)*
Mais la porte fermière
Est fermée pour de bon.   — O hé! etc.

En vain ell' frappe, cogne ;
Il ronfle comme un sourd, *(bis.)*
Et, grâce à notre ivrogne,
Ell' couche dans la cour.   — O hé! etc.

La moral' de l'histoire,
C'est que, loin du logis,   *(bis.)*
Si votre homme va boire,
Ne lui fermez pas l'huis.   — O hé! etc.

UN MAUVAIS SOLDAT

ou

LES DÉSAGRÉMENTS DU MÉTIER

SCÈNE COMIQUE,

Paroles de Jules CHOUX,

Musique de Victor ROBILLARD.

La Musique se trouve chez **A. HURÉ**, libraire-éditeur à Paris,
rue Dauphine, n° 44, près le Pont-Neuf.

Décidément, je n'y tiens plus :
Pour moi, l'service est un supplice !
Tous leurs efforts s'ront superflus ;
Car, d' l'éxercice, y n' m'en faut plus.

Y z'étions tertous dans l' village,
Qui m' disiont : te v'là donc so'dat !
T'as du bonheur, toi, d'avoir l'âge
Pour entrer dans ce bel état.
Marci, marci d' vot' uniforme,
D' vot' fusil, vot' sabr', vot' schako...
Quand on vient dir' que ça vous forme !
J'ons t'y pas l'air d'un biau coco ?

(PARLÉ.) Avec un pantalon garance, comme ça !...
qui vous tombe sur des escarpins... comme ça !... avec
des guêtres... comme ça !... moi, qui, le dimanche,
avions toujours des sous-pieds !... j'ons l'air d'avoir des
SOUPAPES !... Et c'te veste !... ça vous colle tout jusse...
comme une limousine. Voyez c'te tournure ! (*Il se
tourne.*) Y m'ont rasé la tête en brosse ! moi qui avais
d' si beaux cheveux, que toutes les filles en voulaient !
Aujourd'hui, n'y a pas MÈCHE... c'est ça qu'est défri-
sant ! Enfin, v'là comme je suis depuis quatorze mois, ni

pus gras, ni pus maigre... un peu plus bête qu'avant..
V'là c'que je dois à l'art militaire, comme y disent... LES
GROS. Pour les petits, nous sommes des SOLDATS ; —
pour les cavaliers, des FANTASSINS ; — pour les bourgeois, des TROUPIERS... Enfin, les payses nous appellent
des TOURLOUROUS ; les gamins, des TROUBADES, des
GRIVIERS, et les matelots, des POUSSE-CAILLOUX... hou !...
En v'là t'y des délominations !... Sans compter que si
vous avez l' bonheur d'avoir de l'avancement, vous n'êtes
pus un homme, vous êtes un CAPORAL... qué chance ; —
Ah ben ! marci ! avant quinze jours, j' prends mon
congé et je r'deviens paysan d' cheu nous ; car...
(*au refrain.*) Décidément, etc., etc.

> J'étions pas né pour être brave ;
> A preuv', qu'on avait beau m' prier :
> J' pleurais pour descendre à la cave,
> J' criais pour monter au grenier.
> Quand le vent f'sait craquer la porte,
> J'étais près d' crier : au voleur !
> J'avais peur... que l' diable m'emporte...
> Et j'avais peur d' mourir de peur.

(PARLÉ.) Vous voyez que c'est pas la peur qui me
manquait !... Fi ! la peur ! — Moi, peur ! brrr !!! Non,
c'est pas la peur qui fait défaut chez moi... (*naïvement*)
c'est l' courage ! — La peur est un mal de naissance. —
Quand j'étais petit, j'avais peur de ma nourrice ; maintenant que j'ai la taille, j'ai peur de tout : la vue d'un sabre
me met dans tous mes états ; un pistolet m' cause des
frissons et on me donne un fusil qu'il faut que j'astique
tous les jours... brrr ! j'ai toujours peur que ça parte !
ah ! sacré CHIEN, va !... Et puis, on m' dit tous les jours
que j' vaux encore moins que mon camarade Cantalou,
qu'est parti l' mois dernier. Eh bien ! c'est le cas de dire
que j' vaux pas grand'chose ! Tenez, j' vas vous donner
une idée de l'état de service que lui a délibéré le coronel : (*il suit sur sa main comme s'il y lisait ce qu'il
dit*) Depuis son arrivée au corps, le fusiller Cantalou
n'a pas cessé de montrer la plus triste exemple par sa
paresse, sa négligence et son mauvais vouloir a exécuter
les ordres qui lui étaient donnés... etc., etc... Campagnes : deux ans d'hôpital ; — blessures : nez brisé par
un éclat de bouteille à la barrière des Bons-Hommes ; —

84 jours de consigne ; — 311 jours de salle de police ; —
45 jours de prison, et le reste au cachot... Eh bien ! v'là
c' qu'on dirait pour moi, si j'en donnais le temps. Vous
comprenez qu'avec des états de service pareils à ceux-là,
on n'a plus qu'à se mettre une pierre au cou et se jeter
dans n'importe quel département oùs qu'y passe une
rivière ! Aussi... (*au refrain*) Décidément, etc., etc.

> Y a t'un homme à qui j' peux pas plaire,
> De d'puis qu'on l'a fait caporal ;
> Chaqu' jour, y m' fait de la misère
> Et m' fait travailler comme un ch'val.
> Enfin, contre moi tout conspire :
> Les hommes et les alimaux ;
> J'ons à m' plaindre, c'est triste à dire,
> Des innocents petits moigniaux !...

(PARLÉ.) Ça paraît drôle, mais c'est varidisque.
L'autre jour, j'étions trétons dans la chambrée, voilà le
caporal qu'il entre et qu'il dit comme ça : — C'est pas
ça ; demain on passe l'inspectillon, et qu'il s'agit que
tout le monde il soit propre. — Je lui dis : C'est bien
caporal, on l' sera ! — On vous parle pas, à vous ! qui
m' dit. — Eh bien ! voyez un peu la chose, quand monsieur et madame le Coronel passent à côté d' moi, je
mets la main à mon bonnet, et y n' me disent rien ; tandis
que ce méchant caporal y vient me parler comme ça !
(*S'échauffant.*) Mais, qu'èqu' c'est après tout qu'un
caporal ?... C'est un DEMI-SARGENT !... Y a déjà pas tant
de quoi faire SA POIRE ! Bref ; pour en revenir, je me
mets à mastiquer les muffletteries du gouvernement : que
j' te frotte, que j' te frotte, que... j'en étais reluisant
comme une boutique de bijouterie... un vrai soleil,
quoi ! — Le lendemain, je descends dans la cour avec
les autres ; je me place les petits doigts à quinze pas
et les yeux dans la couture de ma culotte... c'est-à-dire
que vous jetez les yeux à quinze pas d'vant vous et que
vous mettez vos doigts dans la couture de vot' culotte.
Je m' dis comme ça, à part moi... t'alheure, y va me
faire des compliments. Il arrive comme ça devant moi,
(*imitant le caporal et frisant sa moustache*) y me
r'garde. — Vous, qu'y dit : vous êtes un saligot ! —
Comment, caporal, moi, je suis t'un saligot ?... et pourquoi t'est-ce, s'il vous plaît ? — Vous êtes un saligot,

parce que vous êtes un saligot! regardez un peu votre képi. — Y z'appellent ça un képi, je ne sais pas pourquoi? j'ai demandé, et on m'a répondu que c'était un SHAKO. Mais le sargent, lui, qui sait le latin, m'a dit comme ça que ça venait de CHAKO, en grec, et que ça faisait KÉPI en français, c'est-à-dire un chako QU'EST PIS... qu'un autre. (*Il ôte son képi.*) Je regarde donc mon képi... (*grimace*) fectivement, caporal, je sais ce que c'est ; mais vous pensez bien que le pauvre soldat qui n'a qu'un sou par jour, il ne peut pas s'acheter avec ça du fil, des aiguilles, des cad'nas, de la colle-forte, de la cire à cacheter et des clous de girofle pour boucher le trou du bec des pierrots qui viennent cracher sur la tête des pauvres militaires !... Et vous croyez que c'est pas désolant des choses pareilles ! aussi, j'vas me faire remplacer. J'ai justement mon cousin Fouillou qui sort des CUIRS D'ACIERS ; je vas lui donner quinze cents francs pour qu'il me remplace. Mes pauvres quinze cents francs que j'avais amassés pour avoir une femme, j'vas m'acheter un homme avec... seulement, ça n'sira pas pour le même service... Mais, tant pis, car... (*au refrain*) Décidément, etc., etc.

Paris. — Typ. CHAUMONT, 8, rue Saint-Spire.

L'ANGLAIS GAI CONTEUR

ou
MILORD AFFABLE,

Scène Comique, Pot-Pourri avec parlé.

Paroles de **JULES CHOUX**. Musique arrangée par **V. ROBILLARD**.

La Musique se trouve chez **A. HURÉ**, libraire-éditeur, à Paris,
rue Dauphine, 44, près le Pont-Neuf.

Air : *Larifla, flafla,*

Refrain :

Volez-vo, pour le tèble,
Un mangeur amiousant ?
Je souis milord *affable*,
Fort sur le *contement.*
   Leriflè, lè, lè-ou.   (*bis.*)
Le riflard... itou. (PARLÉ.) Yès!...

Quand por dîner en ville,
J'avais invitéchion',
Je voô'ais être ioutile
Par le distrection',
Avec messir Fontaine
Et master Florian.
J'étais tojors en veine
De parler... *bêtement.*

(PARLÉ). Oh! yès, car Mosseu Fontaine et Mosseu
Florian, ils étaient bocop forts por faire caoser les bêtes...
en français, oh yès ! — Tenez, mosseu, écoutez plutôt :
— Il était oun' fois, oun' Corboô; qu'il avait monté sur
le dessus d'un tilleul, por manger le fromège à la pie...
très-bon ! — Mosseu le Renard qu'il sentait le goût de
cett' fromage... qu'il sentait rien, il arrive et dit à master
le Corboô : — Bonjouor, milord Corboô, que vô étiez
joli que vô me ressemblez... bôo... vô portez bien,
yès?.. et moa aussi. Je volais dire que si le chanson de
vô, il était aussi jaoli que le ploumège à vo, vô étiez le
plous biautiful de tooutes les oiseaux... en *bois*... de
cett' *bois.* — Alors le master Corboô, contente et joyeuse
de cette félicitéchoune, il ouvrait une grande gueule...
Album du Gai Chanteur. — 2e vol. 29e Livraison.

oh ! je vôlais dire oun' grande boeuche pour montrer
son voix de ténor et laissait tomber le fromège dans le
gueul... booche du renard, qui lui disait cette chaose :
— Apprenez, oaseau stioupide et bête, qu'il fallait toujouors, toujouors, manger le fromège quand bon était
CORBÔO, et qu'il ne fallait montrer son voix de ténor,
que quand on était RENARD... à l'Opéra (*au refrain.*)

> Volez-vo, etc., etc.

> Oun' grenoulle envieuse,
> Plous petite qu'un œuf.
> Voôlait, l'ambitieuse,
> Dev'nir gros comme oun' bœuf !
> Par son sœur, le pauvrette
> S' fait souffler... d' l'aut' côté,
> Si fort, qu'elle perd la tête
> Et crève... en bonn' santé.

(PARLÉ.) Yès !.. Eh ! bien, Mosseu, cette chaose il
proouvait qu'oune petite guerçonne il n'évait pas besoin
d'être grosse comme oun' bœuf... avec *les cornes.* Ce
hétait mosseu son père... qui devait faiser manger loui,
Biffteack, Rosbiff, ploumpuding et bocop davantage le
pomme de terre, afin que loni, ayant ouue *mine d'or*,
il soit grosse et grasse comme *six milords*... de la
Grande-Bretègne.

> AIR : *Partant pour la Syrie.*

> Puisqu'ici je régale,
> Faisant rien à demi,
> Je vais dir' *le Cigale*
> Et mistress' *le Formi.*
> Cette féble jaolie,
> S'adresse aux Milady,
> Qui, par économie,
> Vont dîner chez Véry.

(PARLÉ.) Aho ! *Wéry*... wall, on dînait très-bien, chez
Mosseu Wéry ; mais on soupait encore plous mieux chez
Mosseu... *Véry... four*, goddam ! — Voici le chaose : —
Miss' *Sigall* hévait chanté tôt l'été, et n'avait pas saougé
au raccomodement des choussettes et des jioupons de
loui, ce qui faisait que, l'hiver venue, elle était toute
nue... *aho ! scoking !* — Une jouor, elle allait donc tro-
ouver médème le *Formi* et demandait loui quelque chaose

por faiser le couisine pendant le hiver. (*Voix de femme*).
Je payer vô, l'été prochaine... dans le *capitale*, avec le
intérêt... c'était le principal, oh yès? (*Voix naturelle*.)
— No, je prêtais rien don tout, qu'il disait le Formi ava-
ricieux : vo avez chanté tote l'été?.. eh! bien, allez to
de souite danser maintenant à la Jardin-d'Hiver. (*Se
frappant la poitrine et s'échauffant par degré.*) —
Eh bien! moa, mosseu, je trouvais pas di tôt moral,
qu'oun jeune *mis... mosselle*, qui hévait chanté l'été, il
soit dans le obligationne d'aller au *concert* de mosseu
Vatoire pour apprendre le danse, et pour aller ensouite
l'hiver montrer son... *économie* dans les jardins divers
de Pariss... no, goddam! no! (*Reprenant gaîment le
refrain*).

> Volez-vo, etc.

> Mais laissons-là le *fèbte*.
> Maintenant jé voô'ais
> Dire un conte agréèble
> Que je me rappelais,
> En chassant l'humeur noire,
> Le soar, au coin du feu,
> De Barbe-Bleu, l'histoire
> Fait dresser le cheveu.

(PARLÉ.) Oh yès! — Vô allez sans doute croire que
ce était oun' blègue? eh bien vo avez raison : ce hétait
oun' conte qu'il n'était pas arrivé dou tout. — Il hétait
oun' fois, oun' homme, grande, grosse et méchante, qu'il
avait la barbe bleue... aho! ce était une couleur comme
oune autre. — Ce barbu... *Bleu-Barbeau*, il était veuve
de six femmes qu'il avait pendoues au porte-manteau d'un
cabinet noir dont il avait le clé dans le poche de son penta-
lone. Une jouor, il disait à son septième épouse : médème
Barbe-Bléue, il fallait que je allais promener dans les environs, à vingt ou trente kilomètres... il s'agissait por moa,
d'acheter un maison de campègne por vo. — Voici totes
les clefs de tos les lieux de ce endroit ; quant à celoui-ci,
c'était le clef du cabinette noir oùs qu'il y avait un
grand trou et des papiers secrets, tôt ce que je recom-
mandais à vô, ce hétait de n'y pas mettre le nez. Adieu,
bonjouor, Milady, portez-vo bien... Si je venais à toour-
ner de l'œil, je enverrais à vo *oun' page*..... de mon
écritioure. — Mylord *Bleu-Barbeau*, il était pas plus tôt
parti, que son femme n° 7, ouvre le porte à loui défen-
doue. (*Cri de femme.*) Aho! miséricorde!... et elle tom-

bait à le renverse, en voyant le *garde-robe* des six femmes què le grosse barbe a *mises au clou*... le brutal ! — Tôt-à-cop : pan, pan, pan !... on frappait à le porte, c'était *Bleu-Barbeau* qui avait oublié son sac de nouit. — Oùs qu'il était le clé de la cabinette ?... Aho ! vô évez entrez dans ces lieux. (*Voix de femme*.) No, no, milord ! — Vô mentez ! ajoute le grosse barbe furieux ; allons, depêchez-vo, fais ton prière... je donnais à vo deux minutes demi... et il tirait son montre et un grand couteau pendant que son épouse il se met à chanter :

AIR : *Au clair de la Lune.*

Anne, mon sœur Anne,
Vois-tu rien venir ?
— Je voyais un âne
Qui broute à loasir ;
L'herbe qui verdoi-ye
Dans cett' joor de deuil,
L' soleil qui flamboi-ye
Et m' tapait dans l'œil.

AIR : *le bel Oiseau maman.*

Je voyais mosseu d'Artagnan,
Avec oun' aut' mousquetaire,
Qu'ils entraient flamberge au vent
Comme Malbrogh en guerre.
— Qu' volez-vô ? dit brutal'ment
Le Bleu-Barbeau, bleu d' colère.
— Nous v'nons te percer le flan ;
Vite, faisez ton prière.

(*Enchaînez à l'air suivant : On va lui percer le flanc.*)

D'estoc, de taille frappant,
En plein plan, par derrière
Et par le devant,
Ils le laissent sur le flanc
Très-bon à mettre en terre.

(PARLÉ.) Et le pauvre Milady, délivré de son grosse barbe, il saôtait à la figioure des mousquetaires, donnait à l'un sa *cœur*, à l'autre son *foi* et sans se fouler le *rate*, ils chantaient tote les trois sur le miousique des *Lanciers :*

Gai mériez-vo, mériez-vo,
Bocop,
Si vo hévez le goût,
D'avoir le corde au cou.

bis.

SOUVENIRS DE VINGT ANS

CHANSON

Paroles et Musique d'Eugène BAUMESTER.

Un demi-siècle a passé sur ma tête,
Mon pas est lourd et mes traits sont flétris ;
Plus de chagrins ; que de beaux jours de fête
Ont fatigué mes yeux endoloris.
Et quand revient l'inconstante hirondelle,
Quand tout sourit dans les bois, dans les champs,
Pour admirer la nature nouvelle,   *bis.*
Je trouve encor mes jambes de vingt ans.

De vrais amis, lorsqu'une troupe folle,
Me dit : allons, viens trinquer avec nous !
J'hésite un peu, j'en donne ma parole ;
Bientôt je cède et vais au rendez-vous.
Quand le nectar coule jusqu'à la lie,
Ma faible voix murmure quelques chants ;
Pour cimenter l'amitié qui nous lie,   *bis.*
Je trouve encor ma gaîté de vingt ans.

Près d'une femme à peu près de mon âge,
Mais dont les yeux sont toujours pétillants,
Quand il s'agit de faire un doux voyage,
Je doute, hélas! que mes feux soient brillants.
Lorsque sa lèvre à mon visage touche,
Lorsque j'entends ses suaves accents,
Pour respirer le parfum de sa bouche,   *bis.*
Je trouve encor mes baisers de vingt ans.

Admirateur des arts, de l'industrie,
Mon pauvre cœur palpite de plaisir
A ces grands mots : de gloire, de patrie,
Qui sont au peuple un ardent souvenir.
Si l'ennemi franchissait la frontière,
S'il insultait la France et ses enfants,
Pour l'écraser, le réduire en poussière,   *bis.*
Que de vieillards n'auraient plus que vingt ans.

LE VIN
ET LA VÉRITÉ.

SOUVENIRS DE PLUET LES

CHANSON

Air : *de la Pipe de tabac.*

In vino veritas, mes frères,
Nous dit un proverbe divin.
Dieu, pour nous faire aimer nos verres,
Mit la vérité dans le vin.
J'obéis à sa loi suprême ;
Comme buveur je suis cité :
On croit que c'est le vin que j'aime,
Mes amis, *c'est la vérité.*

On croit que la philosophie
N'a jamais troublé mes loisirs,
Et qu'à bien jouir de la vie
J'ai toujours borné mes désirs ;
On dit, quand je cours sous la treille,
C'est le plaisir, c'est la gaîté
Qu'il va chercher dans la bouteille,
Mes amis, *c'est la vérité.*

On croit aussi que la tendresse
Fait quelquefois battre mon cœur ;
On croit qu'une jeune maîtresse
Est nécessaire à mon bonheur ;
Quand je trinque avec une belle
Chacun dit : c'est la Volupté,
C'est l'Amour qu'il cherche auprès d'elle...
Eh ! messieurs, *c'est la vérité.*

M. Armand GOUFFÉ.

ANGE AU CIEL

ROMANCE.

Paroles de *, Musique de VICTOR ROBILLARD.**

La Musique avec accompagnement de piano
se trouve chez **A. HURÉ,** libraire-éditeur, 44, rue Dauphine.

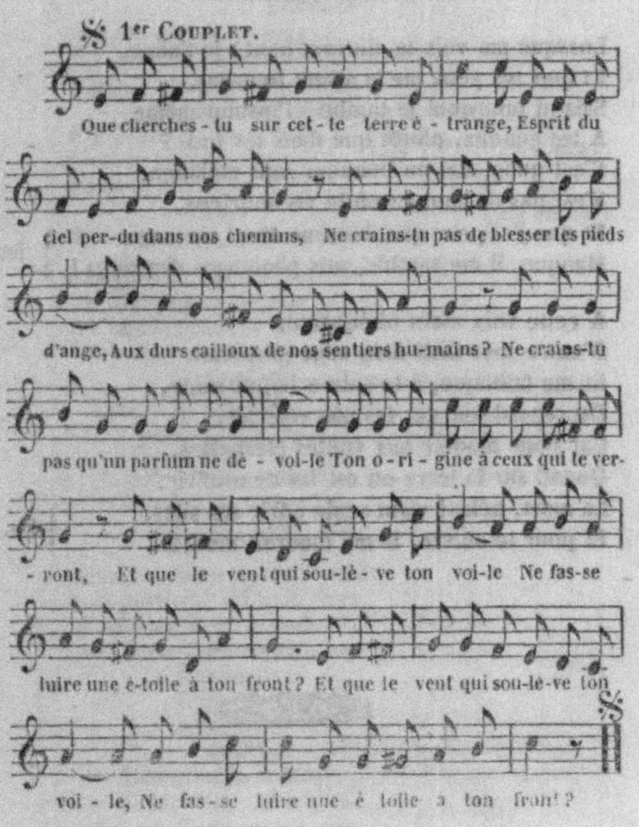

Que cherches-tu sur cette terre étrange,
Esprit du ciel, perdu dans nos chemins?
Ne crains-tu pas de blesser tes pieds d'ange
Aux durs cailloux de nos sentiers humains?
Ne crains-tu pas qu'un parfum ne dévoile
Ton origine à ceux qui te verront,
Et que le vent qui soulève ton voile
Ne fasse luire une étoile à ton front ?   } *bis.*

Lorsque ma voix te dit tout haut : je t'aime,
Et que tes yeux me le disent tout bas,
Sais-tu pourquoi je tombe à l'instant même
A tes genoux, plutôt que dans tes bras ?
C'est qu'ici-bas un bonheur sans mélange,
N'est pas du monde où je vis soucieux,
Et que j'ai peur que Dieu ne dise : un ange
Manque, il me semble, aux phalanges des cieux !   } *bis.*

A cette voix alors obéissante,
D'entre mes bras mon ange glisserait,
Et ma faiblesse, à te suivre impuissante,
Du regard seul sur tes pas volerait ;
Car pour monter aux voûtes éternelles,
Quand sur la terre on est las de souffrir,
La mort, hélas! vient seule offrir ses ailes,
Et pour te suivre, il me faudrait mourir!   } *bis.*

LA PLAINE DE PICPUS.

PARODIE

Par FRÉDÉRIC VERGERON.

AIR: *De la Plaine des Vertus* (Ronde de *la Pénélope*).

REFRAIN :

Dans la plaine de Picpus
Y a des gens qui n'en ont guère,
Dans la plaine de Picpus.
     Ah ! ah ! ah ! *(bis)*
N'y a qu' des gens bons, *(bis)*
C'est le paradis sur terre. *(bis)*
Dans la plaine de Picpus,
     Ah !...
Tous les gens bons sont reconnus.

Les gargottiers de l'endroit
Ne font jamais de gibelottes
De lapins pris sur le toit ;
On mange dans toutes les gargottes
     Des cailles,
     Des grives,
     Des lièvres ;
     Mais !...
Des chates jamais !...
Cric, cric, cric, cric.

     Dans la plaine, etc.

Vivant comme de vrais amis,
Les portiers, les locataires,
A chacun il est fourni,
Aux frais des propriétaires,
     Chandelles,
     Chauffage,
     Etrennes ;
     Mais !...
Des congés jamais !
Cric, cric, cric, cric.

     Dans la plaine, etc.

Pas de bourse, ni d'agiot,
De juifs à la p'tite semaine,
De maison d' jeu, ni d' tripot,
Pas d'ouvriers dans la peine,
De pauvres,
D'infirmes,
De veuves;
Mais!...
Des banquistes jamais!
Cric, cric, cric, cric.

Dans la plaine, etc.

Il est une chose qu'on n' voit pas
Dans tous les pays d' la terre,
On nous assure que là-bas
Chaque enfant r'semble à son père,
De bouche,
D'oreille,
D' chevelure;
Mais!...
A d'autres jamais!
Cric, cric, cric, cric.

Dans la plaine, etc.

Là-bas les marchands de vin
Ne vendent que du Bourgogne,
Pas d' malade et d' médecin,
Rien qu' des gens à rouge trogne,
Des drilles,
Des filles
Gentilles;
Mais!...
Des vieilles femmes jamais!
Cric, cric, cric, cric.

Dans la plaine, etc.

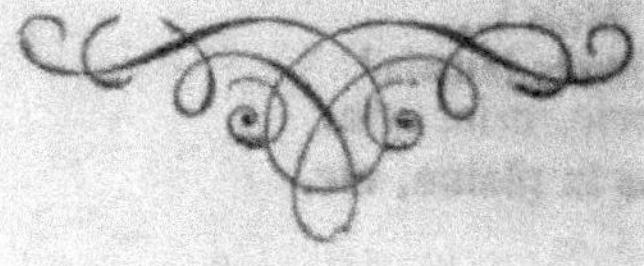

TURLUTUTU, RENGAINE.

Air : *Voilà la vie que les Parisiens font.*

Un jour, deux vieux braves,
Bien pris de picton,
Sans de raisons graves
Se cognaient d'aplomb ;
Mais l'un d'eux dégaîne
Son sabre lestement ;
L'autre, dit en riant :
Turlututu, rengaîne,
Rengaîne, rengaîne,
Turlututu, rengaîne,
Rengaîne l'instrument.

Tu fais la timide
Et baisses les yeux ;
Tu deviens candide
Avec de bons vieux.
Sois encor la reine
D'un plaisir impromptu
Qui n'est jamais têtu :
Turlututu, rengaîne,
Rengaîne, rengaîne,
Turlututu, rengaîne,
Rengaîne ta vertu.

Tu viens sur la place
En casque, en landau,
Faire la grimace
A plus d'un badaud.
Tes crayons, sans peine,
Attirent le bon goût ;
Mais, je dirai partout :
Turlututu, rengaîne,
Rengaîne, rengaîne,
Turlututu, rengaîne,
Rengaîne ton bagout.

Quoi ! tu veux, bobonne,
Que, comme un agneau,
Mon gosier s'adonne
A boire de l'eau.
Verse à tasse pleine
Le vin qui, sans façon,
Fait aimer la chanson.
Turlututu, rengaine.
Rengaine, rengaine,
Turlututu, rengaine,
Rengaine ta boisson.

Malgré ta vieillesse,
Tes cheveux tous gris,
Tu poursuis sans cesse
De jeunes houris.
Dans la soixantaine,
On doit dire un beau jour,
Chaque chose a son tour :
Turlututu, rengaine,
Rengaine, rengaine,
Turlututu, rengaine,
Rengaine ton amour.

Usurier rapace,
En palpant ton or,
Ta piteuse face
Veut sourire à tort.
Cette gaîté vaine
Que tu cherches, Crésus,
Le pauvre en a bien plus :
Turlututu, rengaine,
Rengaine, rengaine,
Turlututu, rengaine,
Rengaine tes écus.

Eugène BAUMESTER.

Paris, A. HURÉ, éditeur et seul propriétaire,
rue Dauphine, 11, près le Pont-Neuf.

Paris. — Typ. CHAUMONT, 6, rue Saint-Spire.

LAISSEZ-LES
VOLTIGER

ROMANCE.

Paroles et Musique

DE

MAZABRAUD (de Solignac).

La Musique se trouve chez **A. HURÉ**, librair-éditeure, à Paris,
rue Dauphine, n° 44, près le Pont-Neuf.

Et chez l'Auteur, 22, Grande-Rue, à Passy.

Enfants, pourquoi, dans la prairie,
Livrer la guerre aux papillons?
Pour votre figure fleurie
Ont-ils de sanglants aiguillons?
Lorsque vous cherchez à les prendre,
Méchants, quel mal vous ont-ils fait?
Puisqu'ils ne peuvent se défendre,
Ne serait-ce pas un méfait?

Laissez voltiger dans l'espace
Ces papillons aux plus belles couleurs;
Près de vous bientôt, avec grâce,
Ils vont se poser sur les fleurs!

Album du Gai Chanteur. — 2e vol. 30e Livraison.

Enfants, un peu de bienveillance ;
Croyez-vous que l'insecte ailé
N'ait pas ses douleurs, sa souffrance,
Comme le pauvre au front voilé ?
Ah! cessez donc de les poursuivre !
Car le sort les frappe à leur tour ;
Ils ont si peu de temps à vivre,
Leur existence n'a qu'un jour !

Laissez voltiger dans l'espace
Ces papillons, aux plus belles couleurs ;
Près de vous bientôt, avec grâce,
Ils vont se poser sur les fleurs !

Enfants, à ces insectes frêles,
Vous pourriez, de vos petits doigts,
Arracher les brillantes ailes,
Puis, rire de vos beaux exploits !...
Montrez, dans un âge aussi tendre,
Doux sentiment, humanité ;
Plus tard, vous saurez mieux comprendre
Quel est le prix de la bonté.

Laissez voltiger dans l'espace
Ces papillons, aux plus belles couleurs ;
Voyez, près de vous, avec grâce,
Comme ils se posent sur les fleurs !

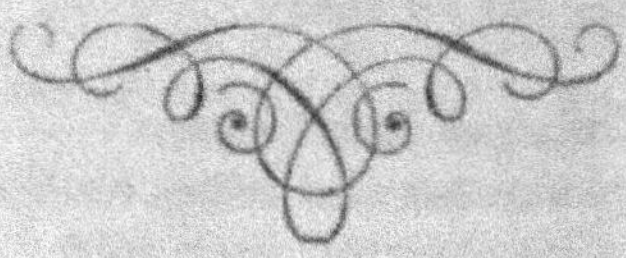

PLAINTE AMOUREUSE

ROMANCE.

Paroles de **Félix ROUSSEL.**

AIR: *Il pleut, il pleut, bergère.*

Si tu voulais, bergère,
Nous irions tous les deux
Le long de la rivière,
Que je serais heureux !
Tiens, entends le ramage
Des oiseaux d'alentour,
Comprends-tu leur langage ?
Ils se parlent d'amour.

Mais vois donc la prairie,
Vois les charmantes fleurs ;
Tiens, pares-en, ma mie,
Tes appas enchanteurs.
Allons dans ce bocage,
Près de ce frais ruisseau ;
A l'abri du feuillage
Bondira ton agneau.

Pourquoi donc être belle,
Bergère, dis-le moi,
Pour être aussi cruelle,
Si cruelle que toi ?
Vois la tendre fauvette
Qui chante ses amours,
Elle n'est point coquette,
Mais elle aime toujours.

Que ton cœur s'attendrisse,
N'use plus de rigueur ;
Que mon tourment finisse,
Viens, vole sur mon cœur !
Tu résistes encore
A mes accents si doux,
Et ton teint se colore
D'un injuste courroux.

Va, je te fuis, bergère,
Je m'en vais de ce pas,
Bien loin dans la bruyère,
Oublier tes appas.
L'écho de la vallée,
Qu'apportera le vent,
De mon âme oppressée
Te dira le tourment.

YA DU COTON.

(MOT DONNÉ.)

AIR: { *Mariez-vousdonc!*
{ *Ça va bon train.*

Si, pour un civet, faut un lièvre,
Faut un bon air pour un bon r'frain,
Dès qu' j'en tiens un, je m' sens la fièvre
Comme l'homm' qui, sur le terrain,
De lutter ne s'rait pas en train...
C'est que, de la muse facile
Étant l' moins vaillant rejeton,
J' dis, qand la rime est difficile :
    Ya du coton! (*4 fois.*)

Écrivez : tra la la... *bataille,*
Dessous, tra la la laire, *excès* ;
Ajoutez : Tra la la... *mitraille,*
Enfin, tra la la la... *Français,*
Vous aurez toujours du *succès.*
De rim's en pierre, altière et fière,
Bourrez-moi ça comme un canon,...
Si vous voulez un' *chos'* guerrière :
    Ya du coton! (*4 fois.*)

Faisant examiner la trame
D'un tissu à bas prix coté,
L' commis disait à certain' dame,
Parlant du patron d'à côté,
Dont l' magasin est bien noté :
« Il n'os'rait pas, comm' moi, vous dire
« Hardiment, sans baisser le ton :
« Pour vingt francs, j'vous donne un cach'mire : »
    Ya du coton ! (*4 fois.*)

Voyez cette brune poulette,
Qui foule lestement l' trottoir,
Est-elle-fraîche et rondelette !
Comme moi vous pourriez ce soir,
En moins d' cinq minutes savoir
Que les hanch's et la gorgerette
De cette fille du grand ton,
Nous dérob'nt le corps d'une ablette...
    Ya du coton ! (*4 fois.*)

Un' femm', faisant la contrebande,
 Quoique soupçonnée, aux octrois,
D'avoir un embonpoint d' commande,
Qui durait depuis dix-huit mois,
Devait accoucher un' bon fois.
Un commis la sonde... à ce geste
On frémit... — C' n'est rien, dit l' planton,
Ell' n'est qu' *plein' d'esprit*...quant au reste...
    Ya du coton ! (*4 fois.*)

J'ai lu dans certains longs mémoires,
Écrits au siècle des Titans,
Les plus surprenantes histoires
Sur les homm's les plus importants ;
L'un, parmi les moins étonnants,
D'un' chiq'naude tuait sans peine,
Et mangeait *sus* l' pouce un mouton...
C'est fort !... surtout avec la *laine*...
    Ya du coton ! (*4 fois.*)

Jules CHOUX.

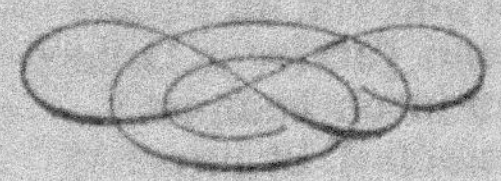

LE PLUS BEAU GARÇON
DE BAGNOLET

CHANSONNETTE.

Air : *De la queue à quinze pas.*

Vous connaissez ben l' beau pays d' Bagnolet,
Où qu' les m' lons pouss'nt en abondance :
C'est là que j' naquis, et suis, à l'heur' qu'il est,
L' plus beau qui soit d' ma connaissance.
L' beau Nicolas, qu'est mon cousin,
A côté d' moi n'est plus qu'un galopin ;
C'est moi qui suis Jean Citrouillet,
Le plus beau garçon d' Bagnolet.

Quand j' risque l' dimanch' mon pantalon d' nankin,
Mes souliers vernis d' la Villette,
Mon gilet citron, mes gants polis de lapin,
Pour m' voir, passer chacun s'arrête ;
En fin osier j' port' panama,
L'habit bleu d' ciel à défunt grand-papa ;
J' vous réponds que d' loin j' fais d' l'effet :
C'est moi l' plus dandy d' Bagnolet.

Aussi j' fais des frais, dam, faut être généreux,
Quand on veut plaire à la fillette ;
C'était l'autre soir, chez mon oncl' Plantureux,
La fête à ma cousin' Nichette ;
J'lui fis don d'un pot d' cornichons
De deux sous d' flan, d'un d'mi-litre d' marrons ;
C'est ben plus d' bon goût qu'un bouquet :
C'est moi l' plus galant d' Bagnolet.

Il faut m' voir au bal, chaqu' fill' vient m'inviter
Pour la première contredanse ;
On s' tient à l'écart quand je m' mets à sauter,
Tant gracieus'ment je m' balance ;
J'enlèv' ma danseuse à bout d' bras,
Je fais craquer le plancher sous mes pas ;
C'est moi qui suis ça, c'est un fait,
L' plus fort danseur de Bagnolet.

J' fais tout c' que j' veux d' moi, j' suis un drôle d' farceur ;
Aussi dans l' pays, j' fais merveilles :
A table, en un r'pas, pour m' mettre en belle humeur,
J' cass' les assiett's et les bouteilles ;
Puis j' sais si bien pousser un r'frain
Qu'on m'applaudit quand j'arrive à la fin ;
J' suis vraiment un luron complet :
C'est moi l' plus malin d' Bagnolet.

MAURICE PATEZ.

LE PETIT PATRE

Chantée par M. POULTIER.

Paroles et Musique de Édouard de PAËP.

La Musique avec accompagnement de piano
se trouve chez **A. HURÉ**, libraire-éditeur, 44, rue Dauphine.

Si mon regard fixe la plaine,
Malgré moi, je soupire, hélas !
Et tout le jour cachant ma peine,
Au loin je vais porter mes pas.
Pourtant, quand une douce image
Vient me rappeler mes beaux jours,
Tout bas je dis : reprends courage !
Et puis j'attends, j'attends toujours...   } *bis.*

Le soir, près de la croix de pierre,
Au ciel j'ai demandé souvent
D'oublier pour ma bonne mère
Celle qui cause mon tourment.
Mais c'est en vain que je l'implore...
Toujours j'ai là son souvenir !
Et je voudrais la voir encore,
La voir encore, et puis mourir...   } *bis.*

FIN CONTRE FIN

RUSES NORMANDES.

Paroles de F. VERGERON. Musique de F. JOUFFROY.

La Musique se trouve chez **A. HURÉ**, libraire-éditeur, à Paris,
rue Dauphine, 44, près le Pont-Neuf.

J' venons d' plaider d'vant m'sieur Griffard,
En v'là z'un homm' qu'est rempli d'lart, d'lart,
De sout'nir le bien d'autrui !
J' lons échappé belle aujourd'hui.

(Parlé.) Vous connaissez ben l'homme à Jacqueline,
Sylvain Blutois, l'boucher de dessus la place d' l'église ;
en v'là un finaud comme on n'en trouve point à dix lieues
à la ronde, sur le plancher du Père éternel ! C'est un gas
qui, quoique boucher de son état, ne l'est guère quand il
veut vous faire voir des étoiles en plein midi. L'autre jour,
j'y avons vendu un bœuf ; il était convenu dans l'marché,
qui m'en donnerait le cœur ; quand j' l'y ons demandé, y
m'a répondu qui n'en avait point, qui s' laissait battre par
les vaches, et qu'un bœuf qui s' laisse battre n'a point de
cœur. Vous croyez que j' lons gobée, celle-là ? J'ons fait
semblant, mais.....

Fin contre fin, je vous assure,
Ne vaut jamais rien pour doublure ;
Normand contre Normand
N' peut pas aller, vraiment.

J' m'étais dit : toi, qu'est un malin,
J' te rattrapp'rai, sois en certain.
Y m' fallait cent écus sonnant ;
Son âne les valait comptant.

(Parlé.) Si ben, que l' jour d' la foire d' Barentin, j' vas
l' touver, j' lui dis : Prête-moi donc ton âne ; j'ai ma bourri-

que qu'a l' vertigo. J' veux ben, qui m' fait. Je l' prends,
je l' bride, et nous v'là partis toujours sifflant. Mais, v'là
que j' rencontrons l' cousin Michel, qu'est ben l' plus fin
maquignon d' toute la Normandie, qui, du plus loin qui
m'aperçoit, m' crie : Qué belle bête qu' t'as là ; j' t'en
donne cent écus, une gaulé d' pommes. J' veux ben ;
passe-moi les espèces, emmène la bête, que j' l'i dis; c'est
bâclé. L' Blutois n' veut-y point que j' ly paie son âne;
y ma fait citer. Oh ! mais... s'il est un finaud, je n'en cède
point ma part, et j' n'ons point ma langue dans ma poche
lorsqu'il s'agit d' plaider m's intérêts ; aussi, quand j'ons
été d'vant m'sieu l' maire, qu'est juge d' paix de cheux
nous, j'ons pris la parole et j'ons dit : Pardon, excuse,
m' sieu l' maire ; permettez qu' je m' mouche pour y voir
plus clair, et j' vas vous conter ça : Figurez-vous qu'un
jour, y a tantôt trois lunes et demie, l' Blutois vient à la
maison regarder barbotter mes cochons, et m' dit : V'là
des bêtes qui mangent ben. Y n'a pas eu plutôt lâché l' mot,
qu'ils ont tourné l' gros bout à l'auge, imposible d' les
faire manger ; ils sont morts d' dépérissement le lendemain... mes moutons avaient la clavelé... ma femme... ma
bourrique... avaient l' vertigo ; il leu z'avait jeté un sort.
J'en lève la main d'vant Dieu, d'vant les tribunals et d'vant
vous, m'sieu l' maire, l' Blutois n'est qu'un meneur de
loups, un sorcier, qui mérite d'être brûlé en place publi-
que... (*A part.*) C'est-y tappé ça, hein ! c'est-y du
plaidoyer ! Oh ! mais...

> Fin contre fin, je vous assure,
> Ne vaut jamais rien pour doublure ;
> > Normand contre Normand
> > N' peut pas aller, vraiment !

> Si ben, q' tous les témoins sont venus,
> Et tous ont été z'entendus.
> J'ons su prouver que c't animal
> N'était rien qu'un être infernal.

(Parlé.) Et v'là comment j'm'y suis pris : Figurez-vous, m'sieu l' maire, que l' jour d' la foire d' Barentin, l' Blutois m'avait prêté son âne. Me v'là parti : quand j'arrivons au carrefour des loups, v'là c't animal bête qui s' jette les quatre fers en l'air, jette du feu par le nez, les yeux, la bouche, la queue, l's oreilles ; oh ! mais, un feu à rôtir, un âne m'sieu l' maire. Si ben, que j' tappe dessus : plus j' tappais, plus y flambait ; je m'y croyais flambé moi-même, quand l' v'là qui s' met à courir, oh ! mais, à courir, qu'il est loin s'il court encore. (Vous ne l'avez point retrouvé ; donc, vous d'vez le payer.) Pardon, excuse, m'sieu Griffard, vous n'y êtes point. Permettez que j' vous fasse une supposition comparatoire : supposons qu' mame la mairesse est une bourrique (c'est une supposition), vous m' la prêtez pour aller à la foire : c'est une bête ensorcelée, alle se sauve pour aller au diable et descendre aux enfers, j' suis t'y obligé d' courir après pour la rattraper, ou vous la payer ? Mais c'est-à-dire qu' c'est un grand service qu' j'ons rendu au pays en le débarrassant d'une bête dangereuse, et je n' demandons pour ça, m'sieu l' maire, que cinq petits écus pour les pommes, les poires et les légumes qu' j'ons perdu. C'est juste (qui m' dit m'sieu l' maire) ; vous êtes acquitté, et Silvain Blutois est condamné aux dépens, à cinq petits écus de dommages sans les intérêts... V'là t'y pas qu'en sortant l' Blutois m' dit comme ça : Mais, malheureux, t'as fait un faux serment ; t'as perdu ton âme. Moi, qu' j'y réponds, j' nons rien perdu du tout ; c'est toi qu'as perdu ton procès et ton âne. Eh ben ! croyez-vous que v'là un cœur d' bœuf qui lui coûte son prix, hein ?...

Fin contre fin, je vous assure,
Ne vaut jamais rien pour doublure ;
   Normand contre Normand
   N' peut pas aller, vraiment !

LA NOUVELLE CROISADE.

AIR CONNU.

Partant pour la Syrie,
Généreux alliés,
Fils de toute patrie,
Vieux rivaux, oubliez !...
Qui souffre est votre frère :
Chrétiens, il faut partir !
Sur la rive étrangère
Tout un peuple est martyr !   } *bis.*

Que la croix s'y relève,
La croix, sublime don !...
D'un côté, c'est le glaive...
De l'autre, le pardon !...
Vous, de votre demeure,
Riches, ouvrez la main !
Là-bas, l'orphelin pleure...
Il serait tard demain !   } *bis.*

Mais aux sanglantes haines
Tout cœur doit se fermer ;
Qu'il ne soit plus de chaines !
Il est si doux d'aimer !...
Et que l'homme, plus digne
Des trésors du progrès,
Vienne adorer le règne
De l'éternelle paix !   } *bis.*

Oui, ce siècle est le nôtre,
Grand, entre les plus grands !
Siècle où plus d'un apôtre
Est sorti de nos rangs !...
Siècle où toute puissance
Sur les faux Dieux brisés,
Chante : Honneur à la France !
Gloire aux nouveaux Croisés !   } *bis.*

Eugène HUVÉ de GAREL.

Paris, A. HURÉ, éditeur et seul propriétaire,
rue Dauphine, 44, près le Pont-Neuf.

Paris. — Typ. CHAUMONT, 6, rue Saint-Spire.

L'HONNEUR ET L'ARGENT.

CHANSON.

Paroles d'ArtuR **LAMY**.

Musique de Ch. POURNY.

La Musique se trouve chez **A. HURÉ**, libraire-éditeur, à Paris, rue Dauphine, nº **44**, près le Pont-Neuf.

Deux pouvoirs ici-bas se disputent le monde,
Implacables rivaux, c'est l'honneur, c'est l'argent ;
L'un envoyé du ciel, en sa bonté féconde,
Et l'autre du démon le plus puissant agent.
A l'orgueil enrichi l'infortune est suspecte,
Et l'on n'est plus qu'un sot, des qu'on est indigent,
    Dès qu'on est indigent.
L'honneur c'est un grand mot qu'en riant on respecte, }
Mais l'argent c'est un dieu, dans ce siècle d'argent. } *bis.*

Honneur! tel est le cri qui doucement caresse,
Au début de la vie, un jeune et noble cœur ;
Mais arrive bientôt la soif de la richesse,
Entraînant avec elle et mensonge et douleur.

Album du Gai Chanteur. — 2e vol. 31e Livraison.

On veut gagner beaucoup, qu'importe la manière,
Si l'on a réussi, le monde est indulgent.
      Le monde est indulgent.
Pendant que de l'honneur la loi guidait Homère, } *bis.*
Judas vendait son Dieu trente deniers d'argent.

Rosine aime Julien, et d'un amour sincère,
Julien veut, en retour, assurer son bonheur ;
Le cœur rempli d'espoir, il la demande au père,
—Qu'avez-vous ? dit le vieux.—Mon courage et l'honneur.
— L'honneur, mon jeune ami, déplorable ressource !
Excusez de ma part un refus affligeant,
      Un refus affligeant.
L'honneur n'est pas coté dans le cours de la Bourse, } *bis.*
Sur l'honneur un banquier ne prête pas d'argent.

Voyez passer là-bas ce cortège funèbre,
Qu'au séjour du repos la charité conduit ;
C'est un ancien banquier, à la Bourse célèbre,
Dont les brillants salons regorgeaient chaque nuit.
Vint un revers fatal, terribles représailles !
Honnête homme, il paya ; puis mourut indigent.
      Puis mourut indigent.
Aucun de ses amis ne suit ses funérailles, } *bis.*
Victime de l'honneur, il est mort sans argent.

L'honneur toujours vivra, malgré la lutte immense
Que lui livre partout l'égoïsme éhonté,
Et, terrassant l'argent, par sa sublime essence,
L'honneur seul peut, un jour, sauver l'humanité,
Pourtant, que de bienfaits on verrait sur la terre,
Pour les cœurs généreux quel triomphe éclatant,
      Quel triomphe éclatant.
Que d'exploits, de grandeurs, si la même bannière } *bis.*
Réunissait enfin et l'honneur et l'argent.

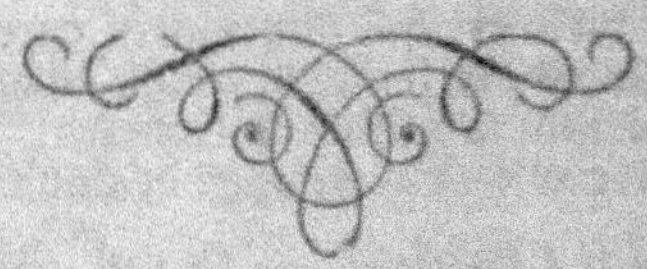

QUAND ON N'A PAS
CE QU'ON AIME.

AIR: *Oh! du bataillon d'Afrique.*

On n'a pas toujours sur terre
Ce qu'on aime, assurément,
En dépit du sort contraire,
Il faut se montrer content.
Et pour être heureux, voilà,
Selon moi, l' meilleur système :

    Quand on n'a pas ce qu'on aime,
    Il faut aimer ce qu'on a.

Dans la maison de mon père,
Je recevais chaqu' matin
Plus de coups d' pieds ou d' lanière
Que d' baisers ou d'morceaux d' pain ;
Grâce à ce régime-là,
J' devins d'un' maigreur extrême :
    Quand on n'a pas, etc.

A vingt ans j'aimais la gloire,
Et pour dev'nir général,
J' m'engageais... mais, ô déboire !
Je n' fus pas mêm' caporal ;
Mais j' reçus, c' qui m' consola,
Du feu le brûlant baptême :
    Quand on n'a pas, etc.

On aime femme jolie
Et douce comme un mouton.
La mienne est une furie
Qui jure comme un dragon ;
Elle est borgne et cœtera,
Mais j' veux être heureux quand même :
    Quand on n'a pas, etc.

Je n'ai pu, c'est grand dommage,
Avoir seul'ment un garçon,
Pour qu'il ait, quel avantage,
L'héritage de mon nom ;
Mais de filles, me voilà
Déjà l' papa d' la sixième :

    Quand on n'a pas ce qu'on aime,
    Il faut aimer ce qu'on a.

                    MAURICE PATEZ.

LE LAÏTOU

CHANT DE CANOTIERS,

Paroles de **THÉODORE LECLERC** (de Paris),

MEMBRE DE L'UNION DES POÈTES.

AIR : *Vers les rives de France.*

Des rives de la Seine,
Heureux canotiers,
Toujours des premiers
Debout
Sur le Laïtou.
Voguons, voguons sans peine,
Non loin de Paris,
Oui,
Est un paradis,
Séjour des jeux et des ris.

Venez, canotières,
Sous le ciel d'Asnières,
Où pour les amours
Il est de beaux jours.
Là jamais d'alarmes ;
Si coulent des larmes,
Bientôt le plaisir
Viendra les tarir.
Ah !
Des rives de la Seine, etc.

File, blanche voile,
Ainsi qu'une étoile,
Jusque vers Saint-Ouen,
Qui paraît au loin
Une matelotte
Flaire le pilote :

Ramons tons à bord
Pour gagner le port.
    Ah !
Des rives de la Seine, etc.

Jeune marinière,
Étoile polaire,
Du gai matelot
O hé ! du canot !
Sans craindre un naufrage,
Sur notre équipage,
Ah ! que les amours,
Fassent le long cours.
    Ah !
Des rives de la Seine, etc.

O ! grisette folle !
Sois notre boussole ;
L'éclat de tes yeux,
Phare lumineux,
Nous montre la plage,
Terme du voyage,
Où tout voyageur
Trouve le bonheur.
    Ah !

Des rives de la Seine,
Heureux canotiers,
Toujours des premiers
    Debout
   Sur le Laïtou.
Voguons, voguons sans peine,
Non loin de Paris,
    Oui,
Est un paradis,
Séjour des jeux et des ris.

RÊVE DE JEUNESSE

Paroles de HENRI DE LAROCHE. Musique de F. LAFAYE.

La Musique se trouve chez **A. HURÉ**, libraire-éditeur, à Paris,
rue Dauphine, nº 44, près le Pont Neuf.

Joyeux enfants du pays de Bohême,
La liberté fut mon bien le plus doux ;
Voici le temps où l'on vit, où l'on aime,
J'ai résolu de vivre parmi vous.
La pauvreté n'a rien qui m'épouvante,
Elle n'abat que les plus faibles cœurs ;
Je veux ma place au soleil qui me tente :
Les bois sont verts, les lilas sont en fleurs. } *bis.*

Un joug honteux, dès mon adolescence,
Laissa mes jours dans l'ombre se flétrir ;
Mon cœur fermé, vivait d'indifférence.
Ah ! vivre ainsi, c'était deux fois mourir.
Mon âme, enfin, jette un cri de détresse,
Mon front rayonne à travers tous mes pleurs ;
Soleils de mai, rendez-moi ma jeunesse :
Les bois sont verts, les lilas sont en fleurs. } *bis.*

Je sais fort bien qu'on nommera folie
Ce libre essor d'un cœur indépendant ;
Que bien des voix empreintes d'ironie
Voudront ternir mon rêve éblouissant ;
Mais ce matin, j'ai vu les hirondelles
Qui, du printemps, célébraient les douceurs ;
Je suis poète et je me sens des ailes :
Les bois sont verts, les lilas sont en fleurs. } *bis.*

Nul ne saurait trahir sa destinée,
J'ai besoin d'air, de lumière et d'amour ;
D'illusions la route est parfumée,
Je veux chanter jusqu'à mon dernier jour.
Si, par malheur, en chemin je succombe,
Pour qu'un parfum passe sur mes douleurs,
Oh ! mes amis, allez creuser ma tombe
Sous les bois verts et les lilas en fleurs. } *bis.*

IL N'Y A PLUS D'ENFANTS !

BOUTADE

Paroles de **P. MERIGOT.**

Musique de F. JOUFFROY.

———

La Musique se trouve chez **A. HURÉ**, libraire-éditeur à **Paris,**
rue Dauphine, nº **44**, près le **Pont-Neuf.**

———

Un ancien qu'on renomme,
Sa lanterne à la main,
Partout cherchait un homme,
Parmi le genre humain.
Tout comme Diogène,
Philosophe impuissant,
Moi, j'ai bien de la peine, } *bis.*
A trouver un enfant !

C'est à n'y rien comprendre :
Les enfants, aujourd'hui,
Dès l'âge le plus tendre,
Vous parlent de l'ennui ;
Ils désirent sans cesse
De beaux appartements ;
De l'or, une maîtresse : } *bis.*
Il n'y a plus d'enfants

J'ai vu, mais non sans crainte,
Un tout jeune bambin,
Qui buvait de l'absinthe
Dans un café voisin.
J'ai vu, chose plus rare,
Un moutard de six ans,
Qui fumait un cigare : } *bis.*
Il n'y a plus d'enfants !

Souvent, pour des tartines
De fromage ou de miel,
Des petites lutines
Se provoquent un duel ;
Et pour une poupée,
Bien des adolescents
S'en vont tirer l'épée :
Il n'y a plus d'enfants !   *bis.*

L'enfance se dissipe
En jouant au billard,
En fumant une pipe
Le long du boulevard.
Jusque chez les nourrices
On trouve des géants !
Qui parlent des actrices :
Il n'y a plus d'enfants   *bis.*

Parfois je vois encore,
C'est très-original,
Un enfant qui pérore
En lisant un journal.
Connaissant, c'est unique,
La bourse, et ses agents,
Et parlant politique :
Il n'y a plus d'enfants !   *bis.*

L'enfant de ma voisine,
En passant l'autre jour,
Disait à sa cousine :
Moi, je t'aime d'amour ;
Toutes les nuits, je rêve
Que de chez tes parents
Ton amoureux t'enlève :
Il n'y a plus d'enfants !   *bis.*

L'homme se rapetisse,
L'enfant grandit trop tôt ;
Il faut que ça finisse,
Car l'on verrait bientôt
Les nouveaux-nés féroces
Devenir nos tyrans ;
Puisqu'ils sont si précoces :
Il n'y a plus d'enfants !   *bis.*

DÉBARDEUR
ET
DÉBARDEUSE.
DUO FLAMBARD.
Paroles d'Arthur LAMY.
Musique de A. LAGARD.

La Musique se trouve chez **Alfred IKELMER**, Éditeur,
rue Rougemont, n° 11.

BRIDIDI,
Récitatif.

Tontinette, c'est moi, ton amant qui se flatte
De posséder ton cœur à la face des cieux.
Mais tu ne me dis rien; qu'as-tu donc, ô ma chatte?
Pourquoi cet œil si terne et ce front nébuleux?
Réponds; réponds?

TONTINETTE.

Brididi, mon bibi, tu sais bien si je t'aime;
Apprends donc le sujet de ma douleur extrême.
Ce soir de carnaval c'est grand bal, mon bijou,
Et pour aller danser nous n'avons pas le sou!

Ensemble.

Pas le sou!

BRIDIDI.

Tontinette, à l'instant, sèche ton œil humide
Et prête ton oreille à mon récit limpide;
Ecoute, je commence :

Je ron-ron-flais la nuit dernière,
Quand pa-pa-rut à mon chevet
Une é-né-froyable sorcière
A cheval sur un ba-ba,
A cheval sur un balai.
Et d'une voix chevrotan-an-an-te
Elle me dit : mon enfant,
Je sais ce qui te tourmen-en-en-te,
C'est que tu n'as pas d'argent,
    Pas d'argent !
    Oui vraiment !
Mais n'as-tu pas la tocante
De ton bon oncle Vincent ;
Mets-la vite chez ta tante
Qui prêtera trente francs.

TONTINETTE.

    Trente francs,
    C'est charmant !   (*bis.*)

BRIDIDI.

Et j'ai là mes trente francs !

REFRAIN.

TONTINETTE.

Toute la nuit, oh ! quel bonheur !
Je suis ta débardeuse !

BRIDIDI.

    Ma débardeuse !
    Oh ! quel bonheur !
Je suis ton débardeur !

Ensemble.

TONTINETTE.

Oui, tu seras mon débardeur.

BRIDIDI.

    Oh ! quel bonheur !
Toute la nuit ton débardeur.

TONTINETTE.

    Oh ! quel bonheur !
    Ohé ! ohé ! ohé !
    Piruit ! ohé !   (*bis.*)
C'est le signal du bacchanal,
    Piruit ! ohé !   (*bis.*)
C'est le signal du carnaval.

TONTINETTE.

Tu co-co-nnais toute ma flamme
Cher pou-pou-let, ô mes amours !
Le cri-cri qui charme mon âme
C'est : être à toi pour tou-tou,
C'est : être à toi pour toujours.
Du bal je serai la rei-ei-ei-ne
En pinçant le grand écart.

BRIDIDI.

Moi, par mes grâces, sans pei-ei-ei-ne
Je veux enfoncer Chicard.

TONTINETTE.

Quoi ? Chicard !

BRIDIDI.

Le flambard.

TONTINETTE.

Pour te prouver ma tendresse,
Cette nuit, à l'Opéra,
Avec toi je veux sans cesse,
Danser quadrille, polka.

BRIDIDI.

Mazurka.

TONTINETTE.

Redowa, cachucha.

BRIDIDI.

Froteska, et cætera.
Toute la nuit, oh ! quel bonheur ! etc.

TONTINETTE.

Moi, quand quand le plaisir m'invite,
Je n' crains crains pas de le happer.

BRIDIDI.

Pour fi-fi-nir la nuit, petite,
Je veux te payer un sou,
Oui, te payer un souper.

TONTINETTE.

Quel bonheur, après la dan-an-an-se,
Les huîtres et le Châblis,

BRIDIDI.

Le homard et la bonban-an-an-ce
Calmeront notre appétit.

TONTINETTE.

Est-ce dit?

BRIDIDI.

C'est bien dit.
Allons, vite à ta toilette,
Enfile ce pantalon,
Ton chapeau.

TONTINETTE.

Me voilà prête.

BRIDIDI.

Surtout prends ton air bon ton.

TONTINETTE.

Du bon ton?

BRIDIDI.

Pour de bon.

TONTINETTE.

Du bon ton!

Ensemble.

Et maintenant décampons,
Toute la nuit, oh! quel bonheur! etc.

Paris. — Typ. CHAUMONT, 6, rue St-Spère.

LA CHASSE
AUX PIÉCES DE
CENT SOUS

CHANSON.

Paroles d'Arthur LAMY.

Musique de Ch. POURNY.

La Musique se trouve chez **A. HURÉ**, libraire-éditeur à Paris, rue Dauphine, n° 44, près le Pont-Neuf.

Des hommes ici-bas, la fièvre ambitieuse
Méprisant du passé la morale grondeuse,
Avide de jouir, nous pousse éperdument
Vers ce Dieu vénéré qu'on appelle l'argent.
Fi ! des vieux préjugés, pourvu que l'on entasse,
Tous les moyens sont bons, chacun court à la chasse ;
Et la chasse aujourd'hui, qui nous attire tous,   } bis.
C'est la chasse, la chasse aux pièces de cent sous.   }

Pour chasser ce gibier qui tente tout le monde,
Il est bien des appâts employés à la ronde ;
Un bel habit, souvent, remplace le fusil,
Et le chien peut rester dormant dans son chenil.
Une langue dorée est la grande ressource ;
Mais, déjà voici l'heure où l'on ouvre la Bourse,
L'hallali retentit, allons, élancez-vous...   } bis.
On a sonné la chasse aux pièces de cent sous.   }

Album du Gai Chanteur. — 2e vol. 32e Livraison.

Que fait, dans ce salon, cet élégant jeune homme
Bien ganté, bien musqué ? Tout le monde le nomme
Monsieur le Marquis de..., qui, de nobles aïeux,
A mangé l'héritage en luxe fastueux.
Il ne lui reste rien de ces vastes richesses,
Et pour avoir encor chevaux, laquais, maîtresses,
Près de riche héritière, en faisant les yeux doux, } *bis.*
Il va faire la chasse aux pièces de cent sous.

Voyez dans ce boudoir, cette jeune coquette
Rayonnante en les plis de sa riche toilette,
Admirez son aspect, son sourire enchanteur,
Pourtant de son vieux père, elle a fait le malheur.
D'honnêtes ouvriers, c'était l'unique fille,
Sur elle reposait l'honneur de la famille ;
Mais, dans la pauvreté, pour avoir des bijoux, } *bis.*
Il faut faire la chasse aux pièces de cent sous.

En quittant l'atelier, le soir de sa quinzaine,
L'honnête travailleur, joyeux de son aubaine,
A sa femme chérie apporte avec bonheur
Le pain qu'il a gagné pour prix de sa sueur ;
Il dit à ses enfants, qu'avec joie il caresse :
Ah ! n'enviez jamais une oisive richesse,
Car, c'est par le travail, chers petits, voyez-vous, } *bis.*
Qu'on doit faire la chasse aux pièces de cent sous.

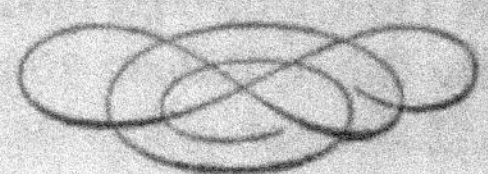

CHANSON A BOIRE

AIR : *Béranger à l'Académie*, ou *J'étais fou*.

Mes chers amis, jouissons de la vie,
Et loin de nous chassons le noir chagrin ;
Pour moi narguant les méchants et l'envie,
Je veux noyer les soucis dans le vin.
Je laisse au gré de ma nef vagabonde,
Couler gaîment le fleuve de mes jours ;
Que l'air soit pur ou que l'orage gronde,
Le verre en main, je veux boire aux amours.   (*bis.*)

Profonds penseurs, je ris de vos doctrines,
De vos grands mots, de vos beaux arguments ;
Je ris surtout de vos piteuses mines,
Mais je crois peu tous vos raisonnements.
Pour moi, je prends le seul plaisir pour code,
Au bruit des pots, je siffle vos discours ;
Je vis heureux eu suivant ma méthode,
Je ris, je chante et je bois aux amours.   (*bis.*)

Le vrai bonheur vaut mieux qu'une couronne,
Car, sous la pourpre, on ne le vit jamais ;
En vain l'éclat d'un trône nous étonne,
L'ennui souvent loge au fond des palais.
Un diadème est charge bien pesante,
Et peu de fronts le conservent toujours ;
Marotte en main, sans souci, moi je chante
La gaîté franche et les folles amours.   (*bis.*)

L'or et l'argent, charment-ils notre vie,
Pour être heureux faut-il être un Crésus ?
Moi, mes amis, sans biens et sans envie,
Je vis content, aussi pauvre qu'Irus.
De vrais amis, une aimable maîtresse,
Bien mieux que l'or savent charmer mes jours ;
Coulez, bons vins, égayez ma détresse,
Dans mon réduit enivrez mes amours.   (*bis.*)

Félix ROUSSEL.

TOUT N'EST PAS ROSE

CHANSON.

AIR: *Vois-tu, Chauvin, faut d' la morale.*

Fils d'un rentier, bonhomme heureux,
Je viens de finir mes études,
Et vais cherchant, en vrai peureux,
Sans sortir de mes habitudes,
Une profession, un emploi
Qui me rapporte quelque chose...
Une place, n'importe quoi,
Où je puisse au moins rester *moi!*
Mais je vois que tout n'est pas rose. (*bis.*)

Je me dis : fais-toi médecin,
Cela ne manque pas de charmes,
On soulage le genre humain
Et l'on peut sécher bien des larmes.
On doit aider le malheureux
Et découvrir celui qui n'ose ;
Mais, hier, j'ai vu, de mes yeux,
Qu'on travaille peu pour les cieux :
Dans ce métier tout n'est pas rose. (*bis.*)

Militaire, quel agrément,
Quelle glorieuse carrière !
On me verrait, au régiment,
A la paix préférer la guerre ;
Mais, las! depuis le caporal,
Qui vous rudoie souvent sans cause,
Jusqu'à l'officier-général
Qui donne souvent bien du mal :
Je trouve que tout n'est pas rose. (*bis.*)

Si je me faisais avocat,
Je plaiderais pour l'innocence,
Car, en adoptant cet état,
Toujours je prendrais sa défense ;
Mais, ma foi, quand je vois plaider
Le faux comme une bonne cause,
Je dis : Je ne pourrais aider
Le crime sans bientôt céder :
Encore une où tout n'est pas rose. (*bis.*)

Le commerce me tend les bras,
Et puisque j'ai quelque ressource,
Lançons-nous, prenons nos ébats,
Et suivons le cours de la Bourse ;
Mais combien vois-je de sujets
Qui ne viennent que pour la pose
Se ruiner là, et puis après
Au suicide se trouver prêts :
Chez ces gens-là tout n'est pas rose. (*bis.*)

Mais je commence à me lasser
De me chercher une carrière.
Ma foi, je saurai m'en passer,
C'est ce que j'ai de mieux à faire.
Au village, petit rentier,
Cultivons le navet, la rose ;
Aux champs, donnons-nous tout entier,
Et restons dans le droit sentier :
A la ville tout n'est pas rose. (*bis.*)

ALEX. AMELINE.

LES AVEUX D'UNE PORTIÈRE

PARODIE.

AIR : Ce que j'aime.

J'aime les bavardages,
Les ragots, les cancans ;
J'aime, dans les ménages,
N' voir ni d' chiens ni d'enfants.
J'aime aussi boir' la goutte,
Quand j'ai pris mon p'tit noir ;
J'aime, coûte que coûte,
Qu'on m' laiss' dormir le soir.

    Mais j'aime à la folie,
      Une bête, un chat à l'œil doux ;
      Quand je le vois, j'oublie   (*bis.*)
    Mes s'rins et mon époux.

J'aime beaucoup la bonne
Qui, pour moi, chipp' du vin ;
J'aim', quand ma soupe mitonne,
Y trouver du gratin.
J'aim' que ma tabatière
Regorge de tabac ;
J'aime, foi de portière,
Le troubl' et le micmac.
      Mais j'aime, etc.

J'aime le locataire
Qui rentre avant minuit ;
J'aim' le célibataire
Qui décemment s' conduit.
J'aime à faire le ménage
De la p'tit' dam' du s'cond,
Dont le mari voyage
Et dont l' cousin est blond.
      Mais j'aime, etc.

J'aim' que l'on soit honnête,
Qu'on me bourr' de douceurs ;
J'aim', le jour de ma fête,
Qu'on m' donn' de grands pots d' fleurs.
J'aim' devant la ch'minée
Me chauffer les mollets ;
J'aim', à la fin d' l'année,
R'cevoir beaucoup d' jaunets.
      Mais j'aime, etc.

J. DE BLAINVILLE.

BAS DE LAINE

PARODIE

Paroles de ÉDOUARD DOYEN.

Air *de Madeleine.* (DARCIER.)

REFRAIN :

Sans toi, chaqu' jour, vois-tu, bas d' laine,
Soit en hiver, soit au printemps,
J'éternu' l' dimanche et la s'maine ;
Je m'enrhume par tous les temps,
   Sans toi bas d' laine,   (*bis.*)

Un soir que j' m'en allais flâneur,
Je m'arrêtai d'vant un' bonn't'rie,
Et là j' te vis, pour mon malheur,
Car ta vu' me faisait envie.
A mon nez, gaîment jeun's et vieux
  T'ach'taient par paire,
  Et, seul sur terre,
Je n' t'ach'tais pas, moi, si frileux.
    Sans toi, etc.

Faut-il te l' dir', comme un bénêt,
J' reste planté d'vant l'étalage ;
Mais, comme j' n'ai rien dans l'gousset,
J' m'en vas nu-pieds dans tout l' village ;
A tous les marmots j' fais horreur,
  Et, dans la rue,
  Quand j'éternue,
Ils s' sauv'ent, car mon nez leur fait peur.
    Sans toi, etc.

Hier, j' te r'gardais, grelottant,
Quand l'marchand crie:Un'pair' bas d'laine !
A c' mot, j' sens comme un renfonc'ment,
J' tomb' sus' l'trottoir... puis on m'emmène ;
Chez l' marchand d' vin on i' guérira,
　　Qu'on s' met à dire.
　　Moi, j' pouffais d' rire ;
Comm' si qu'un rhum' s' guérit comm' ça !
　　　Sans toi, etc.

L'hiver depuis peu finissait
Et les bains froids ouvraient à peine,
Que l' pauvre enrhumé s' périssait,
Faut' d'avoir porté des bas d' laine.
Un jour, afin de l' soulager,
　　Sa vieill' portière
　　En monte un' paire,
Quand elle entend c'garçon crier :
Faut' de t'avoir, tu vois, bas d' laine,
J' n'éternurai plus ben longtemps ;
J' m'enrhumais trop, j' meurs à la peine :
Adieu, ma pipe... vins roug's et blancs..
Adieu bas d' laine ! *(bis.)*

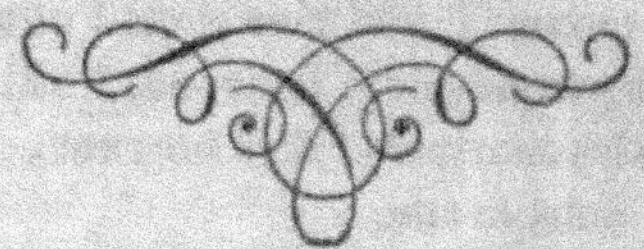

POLKETTE
LA
DÉVIDEUSE

CHANSONNETTE COMIQUE.

Paroles d'ARTHUR LAMY,

Musique de CH. POURNY.

La Musique se trouve chez **A. HURÉ**, libraire-éditeur à Paris,
rue Dauphine, n° 44, près le Pont-Neuf.

Du plaisir, compagne fidèle,
Idole des bons enfants,
C'est Polkette que l'on m'appelle,
La fauvette du printemps ;
Car par mes chants et mes talents,
Tendre fillette,
Brune coquette,
Je sais ranger les cœurs sous ma loi,
Et souveraine,
Moi, je suis reine
En tous lieux où le plaisir est roi.

(PARLÉ.) Julie-Astasie-Césarine Gamichon, dite
Polkette, née à Lyon, arrondissement de la Croix-
Pâquet, département de la Croix-Rousse, baptisée à
Saint-Polycarpe, où mon parrain était suisse... Suisse
de Bâle en Suisse, la patrie de Guillaume-Tell et du
fromage de Gruyère... Mon pauvre parrain ! c'est lui
qui regrettait son pays... quand il buvait la goutte surtout, il trouvait toujours qu'ici les rations étaient trop
petites... tandis qu'en Suisse, disait-il, c'est *là qu'on fait*

des rations... suisses. Je croissais donc en âge et en vertu... de ce que je n'avais pas de rentes, il me fallait choisir un état. Mon père, qui était garçon... boucher, voulait me faire apprendre le sien, me disant que pour son *état l'âge* que j'avais été propice ; mais j'ai refusé, déclarant à mon auteur que je voulais m'engager, en qualité d'écuyère, dans un cirque qui s'en allait à Pau, en Béarn. J'allais partir, quand je reçus une lettre du directeur... de Pau, qui me fit frissonner dans la mienne. Il m'écrivait qu'il était dans la panne, et que n'ayant plus rien à se mettre sous la dent, il pouvait se passer *d'écuyères à Pau.* Cette nouvelle me foudroya ; dans ma colère, je flanque un coup de pied à un caniche qui se trouvait près de moi, et lui écrase les deux pattes de devant ; à ses cris, mon père accourt ; qu'est-ce qu'il voit? Son pauvre chien qui avait l'air de ne plus se reconnaître, car il semblait dire en regardant ses membres meurtris : *Ça mes pattes?* C'est alors que mon père en fureur me dit : Ah ! mademoiselle n'aime pas les caniches! eh bien, ma petite, on te donnera des *roquets...* Et il me fit apprendre le dévidage, si bien que depuis ce temps :

REFRAIN.

Brune dévideuse,
Fillette rieuse,
Légère et joyeuse,
Chez moi chaque jour ;
A la mécanique,
Gaîment se fabrique,
Grâce à ma tactique
La soie ou l'amour.
Jolis yeux, figure agaçante,
Taille fine et le pied mignon ;
Chacun, vrai, me trouve charmante,
Mais, modeste, je réponds,
D'un air fripon,
Aux bruns, aux blonds :
Je suis Polkette,
Bonne fillette,
La liberté, voilà mon refrain,
Et pour devise
J'ai la franchise,
Mon cœur est pris, repassez demain.

(PARLÉ.) Et le lendemain, je leur répète la même chose... sur un autre air. Tiens, s'il fallait les écouter tous, ces messieurs, on n'en finirait pas; avec ça que maintenant les hommes sont si... hardis, les vieux surtout. C'est au point que si la nature vous a pourvue de deux yeux bleus ou noirs, d'un nez retroussé et d'une paire de bottines, il vous est impossible de mettre le pied sur la macadam sans être escortée d'une demi-douzaine de bipèdes qu'un certain auteur a osé qualifier de raisonnables... et qui vous disent de ces choses qui vous font rougir jusqu'au bout des oreilles, que l'autre jour j'en avais le nez comme une écrevisse qui se serait laissé tomber dans une marmite d'eau chaude... Oh ! les hommes !... les hommes !!!... (*Tendrement.*) Il en faut cependant ; mais c'est le choix qui est difficile... Cette marchandise est si trompeuse... c'est comme les melons ; faut s'y connaître et encore la plus fine s'y trouve volée ; témoin la petite Euphrosine, une amie à moi, qui s'en était laissé conter par un jeune étudiant en médecine... à cheval... de l'école vétérinaire, qui lui avait promis le *conjungo*. Eh bien ! le monstre ! il l'a plantée là... et lui a tourné *les talons*, sous prétexte de *faire à cheval* un tour dans sa famille, le pendard ! Voyez ce que c'est ; moi, j'approuvais ce mariage, je me disais : dévideuse et vétérinaire, ça doit réussir ; car il est certain qu'une femme dévide bien mieux quand elle a son mari pour soigner l'*écheveau*. (REFRAIN.) Brune dévideuse, etc.

Du destin bravant la secousse,
Sans souci du lendemain,
La fillette de la Croix-Rousse
Au pauvre qui tend la main
Sur le chemin,
Donne son pain.
L'âme joyeuse,
Elle est heureuse
Quand au vieillard qu'elle voit fléchir,
Bonne, elle donne
Sa tendre aumône
Qui lui rend au double le plaisir.

(PARLÉ.) Il est si bon de faire du bien !... Aussi, quel bonheur quand on est en fonds et que le dimanche on va s'installer sur l'herbe pour faire un petit déjeûner, un déjeûner fin : un pâté, du saucisson, du bifteck aux pommes, une omelette au lard et des boudins !... un vrai déjeûner de demoiselles... et pour dessert, deux bottes de radis et des cornichons... oh ! les cornichons ! je les adore ; ça me rappelle mon premier amoureux, un jeune homme qui voulait m'épouser... pour le bon motif... avec de la fleur d'orange. Ses parents étaient vinaigriers... c'était une affaire sûre... du reste, ce n'était pas un mauvais garçon ; mais il vous avait un cornichon de père, digne d'être couronné au concours agricole, et qui m'a refusé son fils sous prétexte que je n'avais rien... Rien ! voyez-vous ça ? et ma vertu, donc ! ma vertu qui pouvait être brevetée avec la garantie du gouvernement, il l'a cotée à zéro, si bien que nos amours ont tourné au vinaigre. Mais, bah ! les maris, c'est comme les canards... ce n'est pas toujours les plus huppés qui sont les meilleurs !... comme disait un jeune bossu peintre de ma connaissance. Pauvre garçon, il n'était pas riche ; celui-là, sa patrie, à lui, c'était la semelle de ses bottes... hélas ! je ne lui ai jamais connu de patrie. Nous aurions été obligé de manger ses tableaux, et moi qui n'aime pas la *croûte*, je lui dis : Ma *mie*, *peins* tant que tu voudras, mais j'ai assez de tes couleurs ; alors il m'a quittée en me disant qu'il allait se poignarder avec du charbon, et depuis j'ai appris que ce jeune bossu postulait pour entrer dans les *droits réunis*... Tant mieux, puisse-t-il par là trouver un terme à ses maux. Ah ! à propos de terme, ça me fait penser que j'en dois trois... et que mon propriétaire m'a envoyé ma quittance non *acquittée* et une invitation *à quitter* sa chambre. Il dit qu'il ne veut plus de dévideuse chez lui, le vieux sapajou ; est-ce qu'il aurait l'intention de jeter des pierres dans le jardin de notre vertu ? Allons, c'est bien, on te la rendra, ta chambre ; mais comme le soleil gâte les meubles, on aura soin de déménager... à la lune. (AU REFRAIN.) Brune dévideuse, etc.

Paris, A. HURÉ, éditeur et seul propriétaire,
rue Dauphine, 44, près le Pont-Neuf.

Paris. — Typ. CHAUMONT, 6, rue Saint-Spire.

CANTIQUE

DE

NOËL

Chanté par M. RENARD, de l'Opéra.

Paroles de CAPPEAU DE ROQUEMAURE,

Musique de

Adolphe ADAM.

La Musique se trouve chez ALEXANDRE GRUS, Éditeur,
Boulevart Bonne-Nouvelle, 31,

Et chez A. IKURÉ, Libraire-Éditeur,
rue Dauphine, 44.

Minuit ! Chrétien, c'est l'heure solennelle
Où l'homme Dieu descendit jusqu'à nous,
Pour effacer la tache originelle
Et de son père arrêter le courroux.
Le monde entier tressaille d'espérance,
A cette nuit qui lui donne un sauveur.
Peuple, à genoux ! attends ta délivrance :
Noël ! Noël ! voici le Rédempteur !   (bis.)

Album du Gai Chanteur. — 2e vol. 33e Livraison.

De notre foi, que la lumière ardente
Nous guide tous au berceau de l'enfant,
Comme autrefois, une étoile brillante
Y conduisit les chefs de l'Orient.
Le roi des rois naît dans une humble crèche ;
Puissants du jour, fiers de votre grandeur,
A votre orgueil c'est de là qu'un Dieu prêche :
Courbez vos fronts devant le Rédempteur !   (bis.)

Le Rédempteur a brisé toute entrave ;
La terre est libre et le ciel est ouvert.
Il voit un frère où n'était qu'un esclave :
L'amour unit ceux qu'enchaînait le fer.
Qui lui dira notre reconnaissance ?
C'est pour nous tous qu'il naît, qu'il souffre et meurt !
Peuple, debout ! chante ta délivrance ;
Noël ! Noël ! chantons le Rédempteur !   (bis.)

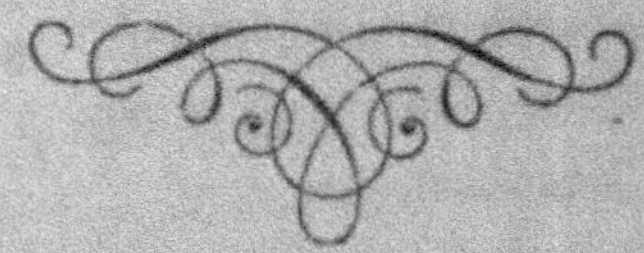

L'ENFANT ET LES OISEAUX.

FABLIAU.

Paroles de PH. GILLE. Musique de E. POIGNÉE.

La Musique se trouve chez **A. IKELMÉ**, libraire-éditeur, à Paris,
rue Dauphine, 44, près le Pont-Neuf.

J'ai vu, sur le bord du chemin,
Un nid d'oiseaux au doux plumage ;
Ils étaient presque sous ma main,
J'entendais jusqu'à leur ramage ;
Ils chantaient tout joyeux,
Ils gazouillaient ensemble,
Et parfois il me semble
Que je faisais comme eux. (*bis.*)

La mère aux petits disait bas
Des conseils remplis de tendresse ;
Mais eux, qui ne comprenaient pas,
Poussaient des cris pleins d'allégresse.
Ils chantaient tout joyeux,
J'entendais bien leur mère ;
Mais, pour être sincère,
Je chantais avec eux. (*bis.*)

Le père, en les voyant crier,
Disait : le grain qu'aux champs on donne,
La terre paraît l'oublier,
Et l'épi se montre à l'automne.
Ils chantaient tout joyeux,
Pour écouter le père ;
J'aurais voulu me taire,
Pourtant j'ai fait comme eux. (*bis.*)

LES PROVERBES MENTEURS.

CHANSONNETTE.

Paroles de GUSTAVE LEROY.

Musique de JULES COUPLET.

La Musique se trouve chez **A. HURÉ**, libraire-éditeur, à Paris, rue Dauphine, n° 44, près le Pont-Neuf.

Je connais des parleurs superbes
Qui ne peuvent dire vingt mots,
Sans les mêler à des proverbes
Sur les hommes ou les animaux.
Mon père eut une riche place ;
Moi, je ne suis qu'un pauvre auteur ;
On dit : *Bon chien chasse de race :*
Dieu ! que le proverbe est menteur !
Que le proverbe est menteur !

L'autre jour, dans une guinguette,
Je dînais seul, comme un sournois ;
Quand mes doigts heurtèrent la tête
D'un quadrupède trop courtois.
Le morceau resta sur ma lèvre,
Allez demander au traiteur,
Si *l'on n' fait pas d' civet sans lièvre :*
Dieu ! que le proverbe est menteur ! etc.

Je suis très-doux pour mon épouse,
Je ne la taquine jamais ;
J' n'excite point son humeur jalouse,
J' l'aim' comme à vingt ans je l'aimais,
Eh bien ! sans cesse elle déclame,
Crie et le proverbe imposteur
Dit : *l' bon mari fait la bonn' femme :*
Dieu ! que le proverbe est menteur ! etc.

Comme un livre on dit qu'elle parle,
Bien trompé celui qui l' croira ;
Ell' parl' sur Pierre, Paul ou Charles,
Sur les bals et sur l'Opéra.
Ell' parl' sur la Bours', sur les vivres,
Et j' trouv', moi qui suis l'auditeur,
Quell' parle au moins comm' deux cents livres ;
Dieu ! que le proverbe est menteur ! etc.

Un peintre amateur de chefs-d'œuvre,
Et d'un certain talent, dit-on,
Fou de voir refuser ses œuvres,
S'en fut mourir à Charenton !
On disait au pauvre jeune homme,
Rendu par l'art solliciteur,
Que *tout chemin conduit à Rome :*
Dieu ! que le proverbe est menteur ! etc.

Ma fille est laide, elle est bancale,
Elle est très-mûre... elle à trente ans ;
Aussi, pour la foi conjugale,
J'attends l' premier des prétendants.
Hier, des gens disaient au cercle,
Qu'un' marmit' n'import' sa laideur,
Doit toujours trouver un couvercle :
Dieu ! que le proverbe est menteur ! etc.

Il en est est un sur le liquide,
Qui me semble un peu trop hardi ;
Dénonçons ce PROVERBICIDE
A l'opinion ; car on dit :
Malgré le vin, malgré la bière,
Malgré le lait et la liqueur,
Qu' *l'eau va toujours à la rivière :*
Dieu ! que le proverbe est menteur ! etc.

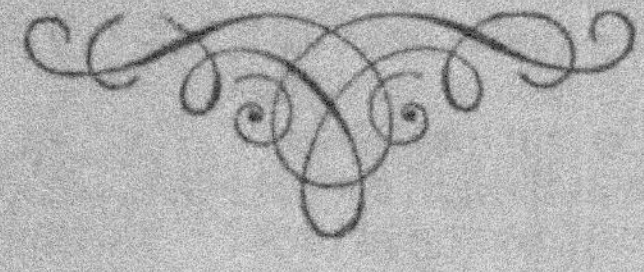

LE VANNEUR DE GRAINS

PASTORALE.

Paroles et Musique de

MAZABRAUD DE SOLIGNAC.

La Musique se trouve chez **A. HURÉ**, libraire-éditeur, à Paris,
rue Dauphine, n° 44, près le Pont-Neuf.

Et chez l'Auteur, Grande-Rue, 22, à Passy.

Allons, vite, bonne Jeanne !
Le crible en main, vanne, vanne,
Le froment qui nourrira
Le pauvre qui nous viendra.   (*bis.*)

Déjà la douce lumière
Vient joyeuse du levant,
Et le grain, dans la poussière,
Attend le secours du vent.
Il souffle ; ton fils sommeille ;
De la paille ôtons le grain ;
Sitôt que l'enfant s'éveille,
Tu sais qu'il lui faut du pain.
 Allons vite, etc.

Dès la semaine dernière,
On voulait congédier
Nina, la gente meunière,
En retard pour son loyer.
Quand tout le monde murmure :
Faisons tourner son moulin ;
Elle prendra sa mouture,
Puis, la part de l'orphelin.
 Allons, vite, etc.

Si des grains, par aventure,
Roulent loin de nos boisseaux,
Qu'ils deviennent la pâture
Des pauvres petits oiseaux !
Bientôt la saison des neiges
Les chassera de nos bois ;
Ah ! puissent-ils fuir les piéges,
En se glissant sous nos toits !
 Allons, vite, etc.

CHRÉTIENS, AUX ARMES!

CHANT DE GUERRE,

Chanté par M. PREVOST, au Concert des Folies.

Paroles et Musique d'ÉDOUARD DOYEN.

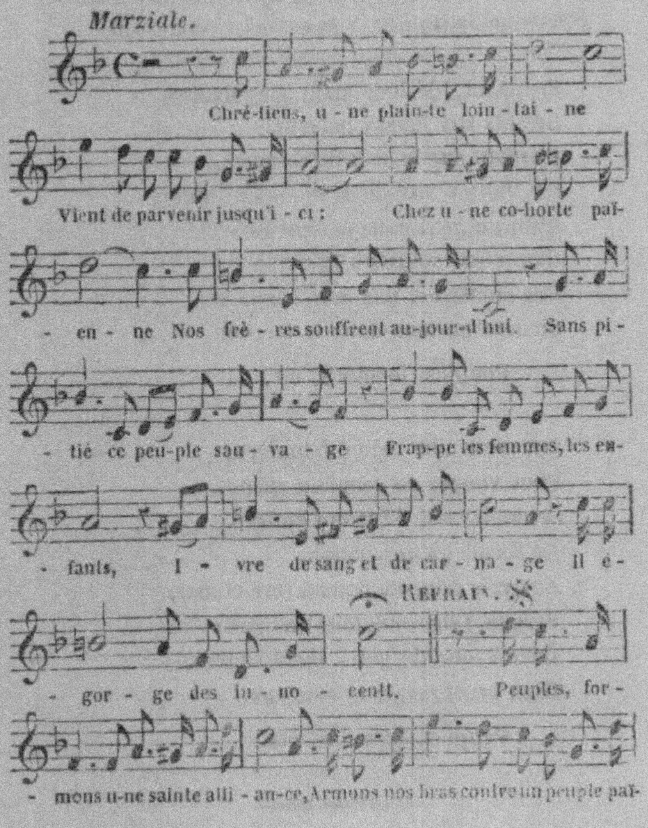

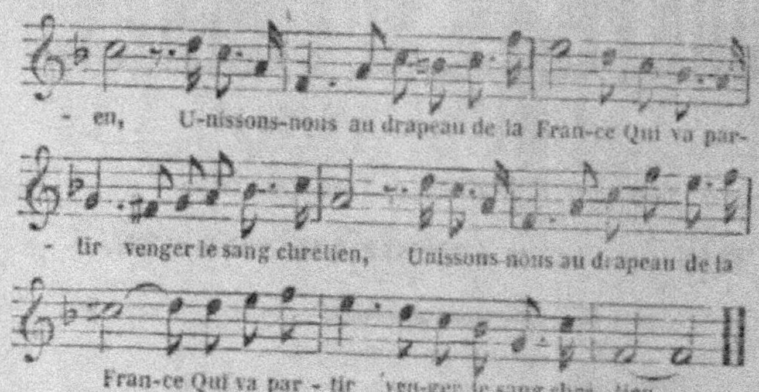

Frappant, de leur main sanguinaire,
Les fils aux foyers paternels,
L'enfant sur le sein de sa mère,
La Vierge aux pieds des saints autels.
Rien ne peut calmer leur furie ;
Ils restent sourds à la douleur,
Ces monstres, par leur barbarie,
Sèment en tous lieux la terreur.

  Peuples, formons, etc.

Que sous une même bannière,
Pour venger ce sanglant affront,
Se soulevant, l'Europe entière
Ne forme qu'une nation.
Aux cris poussés par leurs victimes,
Vers le Liban portons nos pas ;
Jurons tous de punir leurs crimes,
Dieu protégera nos combats.

  Peuples, formons, etc.

LE
CHANTEUR AMBULANT

AIR : *Alerte ! c'est le carnaval,* ou *de Charlotte.*

Je chante, du matin au soir,
La gloire des fils de la France ;
Aux cœurs brisés par la souffrance,
Je rends un peu d'espoir.

Dans un joyeux émoi,
Dès que ma voix prélude,
Soudain 'a multitude
Fait cercle autour de moi.
On aime les leçons
Du chanteur populaire ;
Il est le mandataire
Du progrès en chansons.
    Je chante, etc.

De l'auteur chansonnier,
Jouet de la misère,
 Qui, seul, se désespère
Dans un pauvre grenier,
Je répète les chants
Nés d'un sombre délire ;
Tout noble cœur soupire
A ses accords touchants.
    Je chante, etc.

De nos vaillants guerriers,
Le front couvert de gloire,
Après une victoire,
Je chante les lauriers.

Comme eux jeunes enfants,
Pour une cause sainte,
Plus tard, marchez sans crainte,
Vous serez triomphants !
   Je chante, etc.

J'ai plus d'un gai refrain
Pour la tendre fillette,
J'en ai pour la coquette
Au cœur froid et mondain.
J'offre des vers galants
A l'amoureuse ivresse ;
J'en offre à la viellesse
Toujours plus consolants.
   Je chante, etc.

Un avide étranger
Veut-il nous faire outrage ?
Je dis : — Frères, courage !
Affrontons le danger !
Pour de nouveaux exploits,
S'il passe la frontière,
La France tout entière
Veillera sur ses droits !
   Je chante, etc.

Qui de nous n'a gémi
Aux récentes alarmes ?
Mais, au bruit de nos armes,
A cédé l'ennemi !
Quand l'orage a cessé,
Chacun remet son glaive,
Et de sa main relève
Un frère terrassé !
   Je chante, etc.

MAZABRAU DDE SOLIGNAC.

BRIN - D'AMOUR
LE TROMPETTE,

CHANSONNETTE,

Paroles d'**Arthur LAMY**, Musique de **A. LAGARD**

La Musique se trouve chez **A. HURÉ**, libraire-éditeur, à Paris,
rue Dauphine, n° 44, près le Pont-Neuf.

On peut aussi chanter cette Chansonnette sur l'air de :
Voyez dans ce bel équipage, Paméla.

Joyeux troubadour,
Voilà Brin-d'Amour,
Le joli trompette ;
Tournure coquette,
Et sans étiquette,
Voilà Brin-d'Amour.

     bis.

En tête d'une compagnie
   De houzards,
Gaîment je confie ma vie
   Aux hasards.
Aimant le plaisir, la goguette,
   Oui, morbleu !
Le vin, la pipe, la fillette
   Et le jeu.
Faut-il, pour gagner une belle,
   S'aligner ?
Un', deux... on connaît la ficelle
   Du métier.

   Joyeux troubadour, etc.

Partout on proclame ma gloire
   Mes succès ;
J'ai pêché des cœurs dans la Loire,
   Sans filets,
Puis, j'ai ravagé la Lorraine
   Et le Doubs ;
Combien ai-je fait dans la Seine
   De jaloux !
Mon nom, dans les Bouches-du-Rhône,
   Est connu,
Et plus d'un mari dans la Saône
   Fut vaincu.

   Joyeux troubadour, etc.

Mais vient le jour de la bataille,
   Au combat
Gaîment on brave la mitraille
   En soldat.
En nos cœurs, au seul mot de gloire,
   Quel transport !
Enfants, il nous faut la victoire
   Ou la mort.
Et sonnant la charge, on s'élance
   Vaillamment
A ce cri de : Vive la France !
   En avant !

   Joyeux troubadour, etc.

Paris, A. HUBÉ, éditeur et seul propriétaire,
rue Dauphine, 44, près le Pont-Neuf.

Paris. — Typ. CHAUMONT, 6, rue Saint-Spire.

LES
JOLIS LUTINS

PARODIE

Par MARC CONSTANTIN

Air : *des jolis Pantins.*

Un jour, à Paris, sortant d' not' village,
Ma tant' Godillard, un matin, me dit :
Vois-tu, mon loulou, tâch' de rester sage,
Et n' fais pas d' bêtis' dans ce gueux d' Paris,
Qu'on appelle à tort un vrai paradis,
Prends ce p'tit magot pour cett' vill' de plâtre,
Et n' vas pas t' loger dans l' quartier latin :
Le bal des Lilas, les fill's de théâtre,
Te croqu'raient bientôt ton pauv' saint-frusquin !

> Lutins que vous êtes,
> Vendez vos amours ;
> De ces girouettes
> L'on rira toujours !

Sais-tu bien comment se mett'nt tout's ces biches,
Pour mett' dans l' panneau ces crétins d' bourgeois :
Pas du tout d' corset, les cheveux en friches,
Une robe à queue et des talons d' bois,
Du rouge et du blanc l'épaisseur du doigt !
Tout's, pour quelques louis, dans'raient sur la corde,
F'raient des yeux de carpe et la bouche en cœur ;
Mais ell's sont pour eux sans miséricorde,
Dès qu'ell's ont ruiné leurs adorateurs !

> Lutins que vous êtes, etc.

Album du Gai Chanteur. — 2e vol. 34e Livraison.

A chacun son goût, pour ce drôl' de monde,
Hardi comme un page et le nez au vent ;
Et pourvu qu'ell's aient des form's assez rondes,
Ell's promèn'ent le soir au boul'vart de Gand,
Pour tâcher d' souper dans quéqu' restaurant.
Le vieux financier aime ces viveuses,
Qui se donn'nt un chic de reines Margot ;
Ces marchand's d'amour ne sont amoureuses
Que d'un verr' de champ... au bal Pilodo !
      Lutins que vous êtes, etc.

Dès qu'ell's ont dansé, la farce est finie ;
On retourn' chez soi sur un pied crotté ;
Quand ell's ont joué leur p'tit' comédie,
Elles compt'nt l'argent qui n'a rien coûté,
Qu'un sourir' menteur et l'œil de côté !...
Cet argent, vois-tu, c'est pour fair' la noce ;
Au bout de six mois, ell's n'ont plus d' métal ;
Puis, quand ell's se sont donné de bonn's bosses,
Ell's trouv'nt un anglais pour le conjugal !

      Lutins que vous êtes,
      Vendez vos amours ;
      De ces girouettes,
      L'on rira toujours !

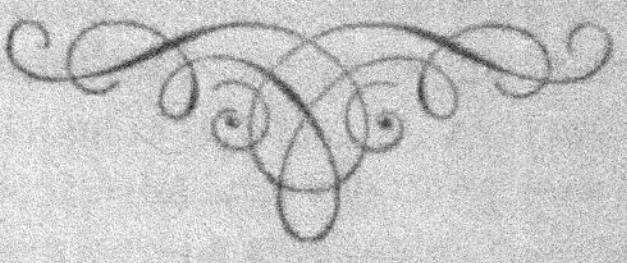

POUR FAIRE UN LIT.

PARODIE.

A M. F. TOURTE.

Air: *Pour faire un nid.*

Tu me demandes, ma brunette,
Comment nous ferons notre lit;
Comment, sans mat'las ni couchette,
Nous reposerons cette nuit?
L' pierrot, sur la branche fragile,
Sans lit d' plumes ni drap de lin,
Fait l'amour et s'endort tranquille,
En se moquant du lendemain.

REFRAIN:

Sans traversin, ni lit de mousse,
Quand j'ai travai'lé tout le jour,
J' dis au temps : Va comm' j' te pousse,
Couchons par terre, et f'sons l'amour.

Le rat de cave a sa retraite
Entre les vins rouges et blancs ;
Le vert lézard, cent fois moins bête,
Fait son lit dans l'herbe des champs,
Pas d' danger qu'il tombe par terre ;
Et lorsqu'il partage son cœur
Sur des feuilles de primevère,
A deux ils trouvent le bonheur,
    Sans traversin, etc.

Pour les vieillards il y a des hospices
Où vont finir les pauvres gens ;
La mort, qui détrône les vices,
Confond les bons et les méchants,
En attendant que la vieillesse
Ne vienne nous rompre les os,
Aimons-nous, ô folle maîtresse,
Tout comme s'aiment les oiseaux !
    Sans traversin, etc.

F. VERGERON.

LES VENDANGEURS

Air : *V'là c' que c'est qu' d'aller aux bois.*

Ma mère aux veignes m'envoyit,
  Je n' sais comment ça se fit.
En partant elle m'avait dit :
    Travaille, ma fille,
    Vendange, grapille :
Malgré moi Blaise m'amusit...
  Je n' sais comment ça se fit.

Malgré moi Blaise m'amusit,
  Je n'sais comment ça se fit.
Si poliment il m'abordit :
    Travaille, ma fille,
    Vendange, grapille,
Que pour lui mon cœur s'attendrit...
  Je n' sais comment ça se fit.

Que pour lui mon cœur s'attendrit,
  Je n' sais comment ça se fit.
Il prit ma main et la baisit :
    Travaille, ma fille,
    Vendange, grapille ;
Mais ma vertu le repoussit...
  Je n' sais comment ça se fit.

Mais ma vertu le repoussit,
  Je n' sais comment ça se fit.
Si rudement qu'il en tombit :
    Travaille, ma fille,
    Vendange, grapille ;
Mais en tombant il m'entraînit...
  Je n' sais comment ça se fit.

Mais en tombant il m'entraînit,
   Je n' sais comment ça se fit.
Que ni moi ni lui ne s' blessit;
     Travaille, bon drille,
     Vendange, grapille;
Stapendant le coup m'étourdit...
   Je n' sais comment ça se fit.

Stapendant le coup m'étourdit,
   Je n'sais comment ça se fit.
Un trait de bon vin me remit:
     Travaille, bon drille,
     Vendange, grapille,
Et tout à coup ça m'endormit...
   Je n' sais comment ça se fit.

Et tout à coup ça m'endormit,
   Je n' sais comment ça se fit.
De mon sommeil il profitit:
     Travaille, bon drille,
     Vendange, grapille,
Pour tous les deux il vendangit...
   Je n' sais comment ça se fit.

Pour tous les deux il vendangit,
   Je n'sais comment ça se fit.
Si bien de sa serpe il agit:
     Travaille, bon drille,
     Vendange, grapille,
Que mon panier plein se trouvit...
   Je n'sais comment ça se fit.

Attribuée à DORNEVAL.

MON ANE ADIEU
MON CŒUR A TOI.

PARODIE.

Paroles d'ARTUR LAMY.

AIR de : *Mon âme à Dieu.*

Toi seul étais mon bien sur terre ;
Te voir était tout mon bonheur ;
Je t'aimais d'un amour sincère
Comme l'abeille aime la fleur.
Mais déjà sonne la trompette ;
Je vais partir... ah !... loin de moi,
Que deviendras-tu... pauvre bête ?
Mon âne, adieu ! mon cœur à toi.
Que deviendras-tu... pauvre bête ?
Mon âne, adieu ! (*bis*) mon cœur à toi.

Quand nous passions dans le village,
Chacun disait : Ah ! qu'ils sont beaux.
Même esprit et même visage :
On dirait deux frères jumeaux.
Nous étions chéris de Fanchette ;
Ah ! près d'elle remplace-moi !...
Fais comme pour toi... pauvre bête !
Mon âne, adieu ! mon cœur à toi.
Fais comme pour toi... pauvre bête !
Mon âne, adieu ! (*bis*) mon cœur à toi.

Pour l'Afrique, je t'abandonne ;
Je vais battre les mauricauds,
Et passer, la loi me l'ordonne,
Ma vie à travers les chameaux.
Mais si la mort que rien n'arrête,
Tout d'un coup vient fondre sur moi,
Je te l'écrirai... pauvre bête !
Mon âne, adieu ! mon cœur à toi.
Je te l'écrirai... pauvre bête !
Mon âne, adieu ! (*bis*) mon cœur à toi.

LE FAVORI DE
LA FAVORITE

Parodie de l'Opéra de **F. DONIZETTI.**

Musique de ALFRED DESCHAMPS.

La Musique se trouve chez ALEXANDRE GRUS, Éditeur,
Boulevart Bonne-Nouvelle, 31.

PARLÉ. (*Avec entrain.*) O hé! les z'héros du boulevard! Enfoncé le *Lazard!* les *Funamb!* les *Délass!* et
le *Cirqu'* aussi! J' viens d'être incorporé dans l' régiment
des *Romains* d' la grande Opéra. J'ai des battoirs ben
emmanchés, et, grâce à ma figure à claques, j' viens
d'être proclamé chevalier du lustre à l'*unanimosité!*
Mais, j' n'en suis pas plus fier pour ça; à preuve, que
j' vas vous raconter une pièce un peu chouette:
La Favorite, rien que ça! Attention! j' narre la chose:

  L' théâtre, au lever du rideau,
  Représente un décor nouveau,
  Oùs' qu'on voit des maçons en train
D' piocher, d' chanter si bas, si bien qu'on n'entend rien.

(PARLÉ.) *La scène est prise* dans une vieille bicoque
en construction, dont l'entrepreneur se nomme le père
Bald'hazard, qu'a un fils nommé *Faignant,* qu'est
amoureux sans connaître son objet; pour lors, v'là
qu'on entend la cloche qui sonne deux heures, et pendant qu' les maçons s'en vont en rang d'oignons prendre
un bouillon, l' père Chose dit à son fils Machin:

  Ne vas-tu pas dîner avec eux?
(PARLÉ.) Le p'tit répond:
  Ça m' scie l' dos, papa!

d' penser que j' dois vivre avec des gâcheux d' plâtre
qui n' sont bons qu'au soleil, oùs qu'ils font les lézards
et les couleuvres que ça m' rend bête à manger du foin.
A cette révélation, *l' père sent* qu'il y a d' l'amour en
jeu, et y s' met à faire jaborer c' pauvre garçon qu'est
pâle comme un sac de plâtre et qui dit qu'un jour il a vu une
jolie femme, et que, pour la première fois, il a senti son cœur
chaud et son *effroi.* L' père *Hazard* est épaté, et l' p'tit
Faignant chante pour mieux lui faire goûter la chose:

  Ah! de depuis qu'en lui versant l'absinthe,
  Ma main a rencontré sa main;
  J'ai résolu de cette enceinte
D' filer un soir ou un matin, ou un matin.

(Parlé.) Mâtin ! dit le père Machin, comme t'y vas, toi ! Et il chante à son tour :

> Connais-tu la particulière
> Qui voudrait ravir ta vertu ?
>   La connais-tu ?
> Est-ce un' duchesse, un' couturière ?
> Cré nom ! son nom, le connais-tu ?
> Non ! (*dit le p'tit*) ; mais ça m'botte !

(Parlé.) Et le vieux qui marronne se remet à beugler pour lui faire peur :

> Va-t'en, va-t'en, galopin téméraire,
> Puis-que jamais tu n' veux écouter ton papa ;
> Fais qu'un jour, dans sa colère,
> Il ne te *démolisse* pas !
>   Va-t'en ! va-t'en !

(Parlé). Et y lui donne sa malédiction avec un coup d' pied dans son indignation. J' m'en fiche pas mal, dit l' petit. Tiens, vieux, v'là la monnaie d' ta pièce (*il lui fait un pied de nez*), et tu vas voir si j' suis un enfant d' cœur. Alors y va sous la porte cochère ôter sa blouse et y donne sa démission d' compagnon maçon. L' portier d' la maison tire le cordon et y file chez l' père Bourguignon prendre un verre de consolation pour se donner du ton, et allez donc !

REFRAIN.

> V'là c' que j'appelle un opéra ;
> Qu'on en dise ce qu'on voudra ;
> J' réponds qu' jamais on n'entendra
> Un opéra plus chouett' que ça ! } *bis.*

> Mais voici le second tableau :
> Ça représent' le bord de l'eau,
> Avec des jeun's fill's et des fleurs,
> Qui s' mett'nt à nous chanter un joli chœur.

(Parlé.) C'est-à-dire que pendant qu'il y en a qui chantent, y en a d'autres qui dansent : c'est l' corps de ballet qui s' démanche en faisant des p'tits pas, des entre-chiens et des entre-chats, histoire de frotter le parquet, quant tout-à-coup on crie : silence ! pour annoncer l'arrivée mystérieuse d'un insulaire qui va débarquer ; c' qui fait qu' les jeunes filles se mettent à crier : à la barque ! à la barque ! et qu'on voit arriver l' petit *Faignant* qui fait l'amour avec un bandeau sur

les yeux, à qui l'on dit : Jeune homme, vous v'là za terre ;
ôtez-donc vot' voile pour qu'on voye vot' binette. Alors
Faignant, qu'a pas besoin d' lorgnon pour y voir clair,
s' met à chanter en voyant son objet :

> Mon idole, mon idole, Dieu *l'envoye !*
> Viens, z'ah ! viens, que je te *voye !*
> Viens, z'ah ! viens, z'ah ! viens, ta présence fait ma *joie !*
> Permets-moi que j' te *tutoye !*

(PARLÉ.) C'est pour toi qu' j'ai mis en plan la boutique
et l' tremblement. Mais, dis-moi donc qui qu' t'es ? —
Tu n' le sauras jamais, qu'elle répond... — Ca m'est
égal, qu'y dit, pourvu que j' t'épouse... — *M'épouser !
mon canard, y n'y a pas mèche ; car il y a entre toi
zé-moi un secret terrible que ces jeunes filles discrètes
t'apprendront. Mais, tiens, prends ce parchemin
qu'assure ton destin. Allons, faut partir, me fuir et
ne plus revenir...* — Oui, compte là-dessus, qu'y dit ; et
tout-à-coup, v'là qu'on annonce le roi qui s'avance avec
une trompette. Tout le monde file, et l'amoureux chante
en pleurant :

> Adieu donc, ma biche !
> J' m'en vas t'obéir
> Comme un chien caniche,
> Et puis j' vas r'venir.
> A tes pieds fidèle,
> Mourir tous les jours,
> En jurant, ma belle,
> Que j' t'aim'rai toujours !

(PARLÉ.) Alors ! *(Elle chante aussi.)*
> Adieu donc, p'tit godiche !
> Il est temps de fuir...

(PARLÉ.) Et puis, elle se met le doigt dans la bouche
pour lui recommander l' silence, et il s'écrie : Mille
tonnerres ! j' parie deux sous qu' ma bonne amie est une
femme huppée ! Alors il prend son parchemin, et quoi
qu'il voit, un brevet d'invention qui le nomme capitaine
d'une compagnie qu'a *choisi le roi* pour aller tremper
une soupe à un tas de propres à rien qu'on nomme des
Marocains. Alors y chante une chanson guerrière qui
fait un train d'enfer sur un air de guerre, que je n'aime
guerre, mais qu'il préfère, vu qu' ça lui sert à s' donner
d' l'air. (AU REFRAIN.

> Mais, v'là qu' ça d'vient intéressant.
> Sur la scène, on voit, à présent,

> Le roi d'Espagne et ses amis,
> Avec un' pair' de favoris.

(Parlé.) L' monarque vient d' remporter une victoire sur *les maures*, oùs qu'en allant et *en r'venant* le p'tit *Faignant* s'est comporté en *bon vivant*. Allez, que dit le roi, qu'on m'apporte ce héros ; faut que j' lui fasse un p'tit cadeau. Alors, en attendant qu'il arrive, y chante pour se désennuyer :

> Jardins chicocandards où vivaient les rois *Maures,*
> Que j'aim' à m' promener avec ma p'tit' Nonore
> Bras dessus, bras dessous,
> Comm' deux tendres époux
> Qui se font des yeux doux.

> Ma Nonor', mon amour brave
> Ces tas d' séducteurs,
> Jaloux d' mon bonheur,
> Qui s' figurent que leurs entraves
> Pourront m'empêcher
> D' te fréquenter.
> Mais, j' t'en fais la promesse,
> Et quoiqu'on dise, mon cher objet,
> Pour te ravir ma tendresse
> Faudrait avoir un fier toupet.
> Ah ! ma Nonor' ! v'là qu'elle arrive

justement pour lui dire : cher ami, quand tu m'as fait quitter la maison à papa, j' croyais qu' t'allais m'épouser d'vant môsieu l' maire ; c'était une affaire qui m' paraissait claire, et j' viens en ces lieux vous fair' mes adieux, vu que j' me déplais dans vot' grand palais. Y z'auraient eu, en effet, une explication fic'lée, sans l'arrivée du *Favori* de la *Favorite* qui paraît précédé par des *z'héros* et des *gens-d'armes*, à qui le roi dit :

> Je te dois mon salut. Parle de ta vaillance !
> Toi-même, ici, fisque la récompense !

(Parlé.) Ça n' s'ra pas long, qui répond, et j' n'irai point par quat' chemins : j' suis *toqué* d' mamzelle *Nonor'*, qui m'adore ; y a longtemps que j' pose pour elle ; si ça vous est égal, permettez que j' l'enlève de vot' palais royal. Accordé, qu'on lui dit, et par dessus l' marché, v'là qu'on lui fait une distribution d' décorations avec une belle chaîne d'or en crisocal massif que ça vaut au moins trente-neuf sous avec le contrôle. Tout l' monde est vexé, jusqu'à *Môsieu Alphonse*, car, en s' voyant souffler son objet par un d' ses sujets, y chante à part dans son intérieur :

Pour tant d'amour, j'aurais fait des bêtises ;
Mais j' suis fumé comm' on fume les *gens bons*.

(Parlé.) Et les favoris, qu' tout ça défrise, vu qu' le p'tit fait sa tête, vont chanter aussi tout bas dans un p'tit coin :

Qu'à nul de nous il n'offre sa faveur ;
Qu'il reste seul avec son déshonneur !

(Parlé.) Mais, patatras ! v'là l' père *Bald'hazard* qui descend du chemin de fer pour dire à *Faignant* : Ah ! brigand ! tu t' maries sans mon consentement ! Mais, triple *Jobardinocéros*, tu n' sais donc pas qu' madame est la Favorite de môsieu ! Cré tonnerre, quel éclair ! Fuyons en diligence, papa ! quittons la cour de Castille où j' me trouve mal ; car je sens que j' dois être tout *blanc de ses ruses.* V'là z'alors un mouvement général : tout l' monde se trouv' mal, et j' m'écrie su' c'tableau final : — (au refrain.)

Au dernier act', c'est l' bâtiment,
Oùs' que des maçons font semblant
D' creuser dans l' sol, afin d'ouvrir
Un trou dans l'quel y doiv'nt bâtir.

(Parlé.) Alors, on r'voit le p'tit *Faignant* et le père *Bald'hazard* qui n'ont point l'air d'être à la noce. Allons p'tit, que dit l' vieux, j' te vas laisser un instant, car j'ai affaire à la cuisine. Alors *Faignant* qui s' voit tout seul, profite de ça pour roucouler une romance à l'intention de sa bonne amie, et il chante sur un *ton beau :*

En je n' sais quoi j' voudrais qu'on m' change,
Pour me sortir de position.

(Parlé.) Mais *Bald'hazard* qu'arrive d'écumer son pot-au-feu, dit au p'tit : Viens à la cuisine, *et suis moi.* — Que j' vous essuie ?... *quelle tache*, papa !... — Y n'ont pas plutôt tourné les talons, que v'là la Favorite qui paraît déguisée en *blanchisseuse enfin*, qu'elle dit avec une voix *d'ourse et moelleuse :* Me v'là z'arrivée, nom d'une pipe ; j'ai des p'tits cailloux dans mes bottines et trois ou *quatre onces* de poussière dans les yeux qui m' font un mal affreux. J' vas me r'poser un peu ; et comme y n'y a pas d' chaise, elle s'étend sur un *fort banc* d' pierre de taille, quand tout-à-coup v'là *Faignant* qui r'vient au clair de la lune, et quoi qui voit !... sa con-

naissance qui est prête à la perdre, sa connaissance ;
heureusement qu'il lui chante pour li r'mettre un peu :

> Va t'en d'ici ! laiss'-moi tranquille !
> Tu crois que j' t'aim', tant pis pour toi ;
> Je ne suis plus cet imbécile
> Dont auquel tu donnais ta foi !
> Un' fois, deux fois, disperse-toi !
> Va-t'en ! va-t'en ! dans son palais !

(PARLÉ.) Et il ouvre une bouche si grande, qu'il semble
qu'y va l'avaler. Ingrat, qu'elle dit, tu veux m' donner
du balai et j' n'ai point seul'ment la force de jouer des
flûtes ? *Faignant*, qu'elle dit, j' suis t'innocente ; je téme !
Enfin, elle emberlificotte si bien l' malheureux, qu'y finit
par dire comme elle et qu'y s'écrie : Tiens, prends mon
bras, viens manger un morceau ; j'ai touché ma paye, et
y chante comme un pendu :

> Viens, viens, je r'nonc'de bon cœur
>   A l'état de mon père ;
> Car c'est toi que j' préfère !
> Viens souper chez un restaurateur ;
> C'est, ma chèr', la bonn' chère
> Qui donn' le vrai bonheur :
> Trent' deux sous suffiront pour nous deux,
> Car moi je n' me nourris qu' d'amour et d'eau claire.
>   Ah ! ah ! ah !

(PARLÉ.) Cré coquin, qué polisson d' froid qui m' passe
dans l' dos ? En effet, qu' dit *Faignant*, t'as ta chair de
poule, ma chatte ? n' fais donc pas d'enfantillages, et
partons ! Mais, bernique ! v'là qu' la Favorite joue la
muette et n' répond plus. Est-ce que tu dors, Nonor ?...
Ah ben ! ouiche ; y a pu personne ! Alors *Faignant* perd
la tête, y crie au secours, au feu, au feu, et les pompiers
d' service qui s' figurent que la scène est en feu, lâchent
les robinets du réservoir : inondation générale... Tont l'
monde se sauve, les comédiens, les musiciens, et natu-
rellement l' public est content, puisqu'on l'entend dire
en sortant : (AU REFRAIN.)

Paris, A. HURÉ, éditeur et seul propriétaire,
rue Dauphine, 44, près le Pont-Neuf.

PARIS. — Typ. CHAUMONT, 6, rue Saint-Spire.

LE LÉVITE

MÉLODIE

Paroles d'Étienne TRÉFEU.

MUSIQUE

DE

Joseph VIMEUX

La Musique se trouve chez ALEXANDRE GRUS, Editeur,
Boulevart Bonne-Nouvelle, 31,

Et chez **A. HURÉ**, *Libraire-Editeur*,
rue Dauphine, 44.

Sois bénie, ô Rachel !...
Entre tous les Lévites
Tu m'as choisi ;
Mon cœur pour toi gardait un amour sans limites,
Je t'aime aussi !...   (*bis.*)

Mais je vais à l'autel :   (*bis.*)
Laisse mon âme entière
A la ferveur ;
Car si tu m'y suivais...   (*bis.*)
J'oublirais ma prière   (*bis.*)
Et le Seigneur.

Album du Gai Chanteur.   2ᵉ vol. 35ᵉ Livraison.

Quand parmi les nopals,
Je marche, solitaire,
Pensant à toi,
Ecarte leurs rameaux,
Approche avec mystère,   (*bis.*)
Apparais-moi,   (*bis.*)
Mais je vais à l'autel, etc.

Quand aux bords du Jourdain,
Je cherche un fruit qui donne
Un doux nectar,
Sors d'entre ses roseaux,
Jette au loin ta couronne
De nénuphar.   (*bis.*)
Mais je vais à l'autel, etc.

Sur des nuages d'or,
O blanche fille d'Ève,
Quand fuit le jour,
Viens charmer mon sommeil
En m'apportant un rêve,
Rêve d'amour.   (*bis.*)

Mais je vais à l'autel :   (*bis.*)
Laisse mon âme entière
A la ferveur;
Car si tu m'y suivais...   (*bis.*)
J'oublirais ma prière
Et le Seigneur.

LE RETOUR AU VILLAGE

ROMANCE

Par Arthur LAMY.

AIR : *du retour en France.*

On m'avait dit : Va, quitte ta chaumière,
Sous d'autres cieux, tu gagneras de l'or.
Et que faut-il, mon enfant, sur la terre
Pour être heureux ? De l'or ! de l'or ! encor !
Tout ébloui de la riante image,
Mon cœur, bientôt, succombe à cet appel.
Et dans Paris, je pleurais mon village
Et l'humble toit du foyer paternel. } *bis.*

J'ai vu Paris, la ville des merveilles,
Ville où le cœur se ferme sans remords,
Où le travail, la débauche et les veilles
Vous ont bientôt tué l'âme et le corps.
Un ciel trop lourd, qui flétrit le visage,
Brûle vos sens de son souffle mortel ;
Et dans Paris, je pleurais mon village
Et l'humble toit du foyer paternel. } *bis.*

Mais, je me dis : Enfant de la montagne,
Fuyons, fuyons l'enivrante cité.
Tu trouveras toujours dans ta campagne
Un ciel plus pur et plus de liberté.
Soudain mon cœur, reprenant son courage,
Dit à Paris un adieu solennel ;
Et tout joyeux je reviens au village
M'asseoir encore au foyer paternel. } *bis.*

LA FILLE
DU LABOUREUR.

ROMANCE.

Paroles d'Arthur LAMY.

Air: *du Christ aux pieds nus.*

Lorsque mes bœufs, rentrés à l'écurie,
Vont oublier les fatigues du jour,
Près du berceau de ma fille chérie,
Moi, tout joyeux, je vais avec amour.
Et quand vient l'heure, où, dans chaque chaumière,
On fait des vœux au Seigneur tout-puissant,
Je ne sais plus qu'une seule prière :
Mon Dieu ! mon Dieu ! protégez mon enfant. } *bis.*

J'étais heureux, d'un bonheur sans mélange,
De ce bonheur qui rend les cieux jaloux ;
Car, pour toujours, une femme, un bon ange,
M'avait donné le doux titre d'époux.
Un peu plus tard, une fille bien chère
Vint embellir le toit du paysan...
Mon Dieu, mon Dieu, vous m'avez pris la mère,
Ah ! par pitié ! protégez mon enfant. } *bis.*

Et maintenant, faible enfant, sur la terre,
Tu n'as plus rien que mes bras et mon cœur ;
Il te faudra partager la misère
Et le pain noir du pauvre laboureur.
Mais, qu'ai-je dit ! — Va, ne crains pas l'orage,
Les blés pour toi produiront du pain blanc ;
Car je sens là se grandir mon courage,
Et le bon Dieu doit bénir mon enfant. } *bis.*

LES ENFANTS
DU BON DIEU.

ROMANCE.

Paroles de F. VERGERON, Musique de DELARUELLE.

La Musique se trouve chez **A. HURÉ**, libraire-éditeur, à Paris,
rue Dauphine, 44, près le Pont-Neuf.

Riches, aimés de l'aveugle fortune,
Vous dont les yeux n'ont pas versé de pleurs,
Par le travail soulagez l'infortune,
Et de l'essaim, le trésor, c'est les fleurs.
Incrustez d'or votre riche équipage,
Que le platine emprisonne l'essieu ;
Mais rendez-nous notre part d'héritage :
Nous sommes tous les enfants du bon Dieu.

Quand, le matin, les perles de rosée
Tombent du ciel et font ouvrir les fleurs,
Aux pleurs divins, la corolle arrosée
Puise parfums et suaves couleurs.
Jusqu'au brin d'herbe entre tout Dieu partage,
Pour l'univers, le soleil n'a qu'un feu.
Ah ! rendez-nous notre part d'héritage :
Nous sommes tous les enfants du bon Dieu.

Le canon tonne, il faut prendre les armes ;
Voyez nos fils affronter le trépas !
Au prix de l'or, quand nous versons des larmes,
Vos chers enfants restent entre vos bras.
Fils des palais, des villes, du village ,
Chacun de nous se doit au coup de feu.
Ah ! reprenez votre part d'héritage :
Nous sommes tous les enfants du bon Dieu.

Du travailleur, quand la tâche est remplie,
Lorsque pour lui vient le moment fatal,
Pauvre martyr, quand la lutte est finie,
Il va mourir sur un lit d'hôpital.
Prêt à partir pour son dernier voyage,
Il n'a pour lui qu'un fraternel adieu.
Ah ! rendez-nous notre part d'héritage :
Nous sommes tous les enfants du bon Dieu.

LA FÊTE
D'UNE MÈRE

ROMANCE.

Paroles d'Arthur LAMY.

AIR : *Si les Fleurs parlaient* ou du *Retour des chansons.*

De tes enfants, mère, dans ta tendresse,
Quand tu guidais les jeunes pas tremblants,
Tu nous disais, le cœur plein de tristesse :
Petits encor, bientôt vous serez grands ;
Pour l'avenir en votre âme inquiète,
Vous chercherez le bonheur loin de moi.
Réjouis-toi, c'est aujourd'hui ta fête,
Et tes enfants, mère, sont près de toi. { *bis.*

Tu nous disais : le sentier de la vie,
Petits enfants, est rude à parcourir,
Et les écueils sur la rive fleurie
Sont bien souvent cachés par le plaisir.
N'exposez pas au flot de la tempête
Vos jeunes cœurs remplis d'un doux émoi.
Réjouis-toi, c'est aujourd'hui ta fête,
Et tes enfants, mère, sont près de toi. { *bis.*

Il m'en souvient, mère, dans tes alarmes
Tu nous disais : Enfants, peut-être un jour
Un autre amour viendra malgré mes larmes,
Vous enlever au maternel amour.
Vous partirez... Hélas ! ma pauvre tête
A cette idée entrevoit le trépas.
Réjonis-toi, c'est aujourd'hui ta fête,
Et tes enfants ne te quitteront pas. { *bis.*

N'OUBLIEZ PAS
MA FENÊTRE

Paroles de Mme E. FLEURY, Musique d'ERNEST L'ÉPINE.

La Musique avec accompagnement de Piano se trouve chez MM. GAMBOGI Frères,
Boulevart Montmartre, 15.

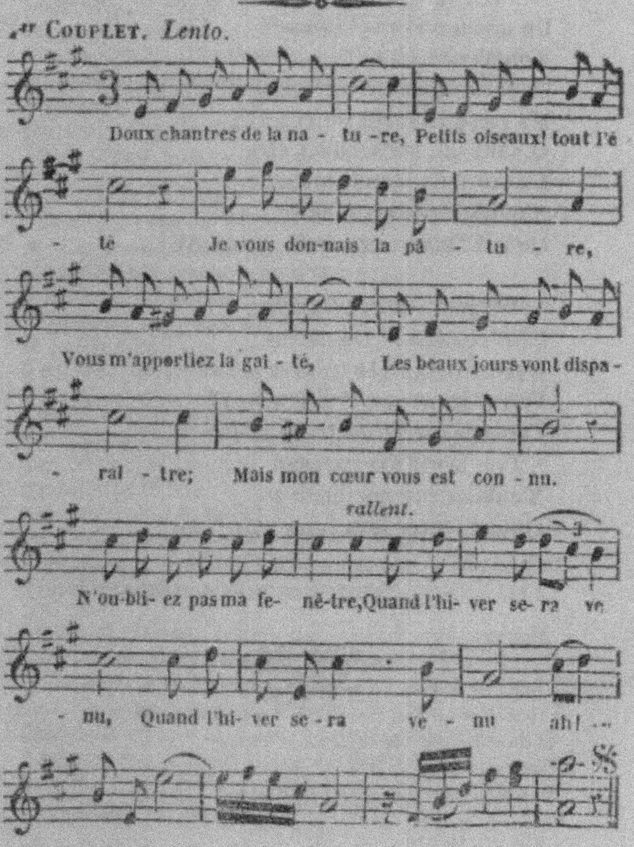

Que de fois, pauvre et malade,
J'ai quitté mon oreiller
Pour vous parer d'une aubade,
Qui m'aidait à travailler ;
Vous qui jeûneriez peut-être
Sous les yeux d'un parvenu,
N'oubliez pas ma fenêtre
Quand l'hiver sera venu *(bis.)* Ah!.

Un matin que vos louanges
Montaient vers le Créateur,
Je rêvais qu'avec les Anges
Ma mère chantait en chœur ;
O vous qui me semblez être
L'écho d'un monde inconnu,
N'oubliez pas ma fenêtre
Quand l'hiver sera venu *(bis.)* Ah!...

Votre gaîté vive et franche
Peut combattre les autans ;
Mais moi, dont le front se penche,
Verrai-je ou non le printemps ?
J'attends l'arrêt du grand maître :
S'il ne m'est pas parvenu,
N'oubliez pas ma fenêtre
Quand l'hiver sera venu *(bis.)* Ah!...

ABD-EL-KADER

Air : *L'homme au Masque de fer*.

Sur le sol africain apôtre du prophète,
Combien je chérissais ma tribu, mes aïeux !
Je voulus des Français empêcher la conquête,
Et combattis longtemps leur drapeau glorieux.
Mais ils furent vainqueurs malgré notre vaillance.
Mahomet, le Koran fut par eux respecté.
On doit aimer le Dieu des enfants de la France,
Car il prescrit la paix et la fraternité.

Je vis près de l'Atlas m'échapper la victoire,
Alors, les yeux en pleurs je quittai mes guerriers,
Je traversai la mer, puis au bord de la Loire.
L'ennemi me rendit mes armes, mes coursiers.
Mahomet, quand tes lois ordonnent la vengeance,
J'éprouvai des Français la générosité.
Je préfère au Koran le code de la France,
Il est juste pour tous : c'est la fraternité.

Aux plaines d'Orient, ma nouvelle patrie,
Au nom d'Allah, j'ai vu frapper des citoyens.
Des Druses inhumains, honte de la Syrie,
Immoler sans pitié d'innombrables chrétiens.
Mahomet, de tes lois, telle est donc l'impuissance,
Tu ne peux réprimer tant de férocité !
J'appelle sur ces bords le drapeau de la France,
Il nous rendra la paix et la fraternité.

Venez, chrétiens, venez, un danger vous menace,
Les Druses, de tous temps vos cruels ennemis,
En veulent à vos jours : nous vaincrons leur audace.
Loin de vous protéger, les soldats Osmanlis
Semblent encourager leur rage meurtrière.
Acceptez ma maison, mon hospitalité,
Je vous y défendrai ; cédez à ma prière :
Je connais les devoirs de la fraternité.

Henri TURENNE.

LE PEIGNEUR DE CHANVRE

CHANSONNETTE.

Paroles et Musique de **Mazabraud**.

La Musique se trouve chez **A. IKURÉ**, libraire-éditeur, à Paris,
rue Dauphine, n° 44, près le Pont-Neuf.
Et chez l'Auteur, 22, Grande-Rue, à Passy.

Blonde fille,
Tille, tille
Pour le peigneur diligent ;
Pour toi, tille,
Ta famille
Et pour l'indigent.

La chenevière est déserte,
Ajustons notre appareil !
Quand l'eau de l'étang est verte,
Le chanvre sèche au soleil.
Près du feu, la ménagère,
En hiver, viendra filer ;
Sa robe devient légère,
Il faut la renouveler.

      Blonde fille, etc.

Si, de préparer la soie,
Mon cœur n'eut jamais l'espoir ;
En revanche, je déploie
Sur le lin tout mon savoir.
J'éprouve bien du délice,
Nuit et jour, à travailler
Pour les enfants de l'hospice,
Car, on doit les habiller.

      Blonde fille, etc.

Chaque jour conduit à l'âge,
Ma belle, où tu dois songer
Aux doux nœuds du mariage ;
Les galants vont t'assiéger.
Modeste est ta dot future,
Travaille au bruit des chansons ;
De loin, pense à la parure
De tes gentils nourrissons.

      Blonde fille, etc.

LE
CHANT DU PAYSAN.

CHANT RUSTIQUE

PAR

ARTHUR LAMY.

AIR : *Paysan, la nuit s'achève.* (Heurion)

Bravant les autans et la peine,
Dès le matin le laboureur,
Avec ses grands bœufs dans la plaine
Commence son humble labeur.
De son front la sueur amère
Souvent arrose le terrain ;
Mais la terre en puissante mère
Au centuple lui rend son grain.

Laboureur, à la charrue,
Du sillon voici le chemin,
Déchirant le sol qu'il remue
Ton bras nourrit le genre humain.
   Vite, à la charrue,
Du travail, noble vétéran.
   Hue ! hu-hue !
     Marchez,
  Voilà le paysan.

Après sa pénible journée,
Soufflant dans ses doigts engourdis,
Près de sa Jeanne bien-aimée
Le paysan rentre au logis.
Et, devant l'âtre qui pétille,
Oubliant fatigue et douleur,
Près de sa femme et de sa fille
S'endort, bénissant le Seigneur.

  Laboureur, etc.

Au cri de la France guerrière,
Pour venger l'honneur méconnu,
Mon fils courut à la frontière...
Hélas ! il n'est pas revenu.
C'est bien cher payer la victoire.
Laissez reposer les canons ;
Si votre fer donne la gloire,
Le mien nourrit les nations.

  Laboureur, etc.

Mais, lorsque la faux meurtrière
Vient l'enlever à ses amis,
Des pleurs entourent sa chaumière
Et c'est deuil pour tout le pays.
Du pauvre on voit couler les larmes ;
Car, bien souvent sur le chemin,
Pour sécher de vives alarmes,
Le paysan donnait son pain.

  Laboureur, etc.

MA CHANSON

OU LES
ENFANTS DE BACCHUS,

CHANSON DE TABLE.

Paroles de A. BOUFFIER,
MUSIQUE DE A. LIAUZUN.

La Musique se trouve chez **A. HURÉ**, libraire-éditeur, à Paris,
rue Dauphine, 44, près le Pont-Neuf.

Gais enfants de Bacchus, vrais amis de la table,
De notre courte vie égayons le chemin ;
Que le sombre chagrin jamais ne nous accable,
Aussitôt qu'il paraît, noyons-le dans le vin !

Loin de nous les grandeurs, la fortune et la gloire !
Il est plus doux d'aimer, de chanter, rire et boire.
Toujours gais et dispos, voltigeons tour à tour
De l'amour à Bacchus, de Bacchus à l'amour.

Que notre vin soit franc, nos belles peu sévères,
Qu'à nos joyeux festins résonne la chanson !
Que jamais goutte d'eau ne profane nos verres,
Redoutons des méchants la perfide boisson.

  Loin de nous, etc.

Album du Gai chanteur.   36ᵉ Livraison.

Quand le divin nectar a brouillé nos cervelles,
Même en nos créanciers nous voyons des amis,
Les femmes à nos yeux paraissent toutes belles,
Et chaque cabaret nous semble un paradis.

Loin de nous, etc.

Sans doute, il est bien beau d'être à l'Académie,
Membre de l'Institut, ou même sénateur ;
Mais on est plus heureux auprès de son amie :
Jeune fille et vieux vin, voilà le vrai bonheur !

Loin de nous, etc.

Il est très-noble aussi de consacrer sa vie
A défendre l'Etat et tomber en héros !...
Mais il vaut beaucoup mieux, ô ma France chérie,
Vivre cent ans pour toi.... et mourir en repos !...

Loin de nous, etc.

Amis, pour bien mourir, il faut que bien l'on vive !
Puisqu'on ne voit là-bas ni cabaret, ni vin,
Quand il faudra passer, hélas ! sur l'autre rive,
La mort doit nous trouver la bouteille à la main.

Loin de nous, etc.

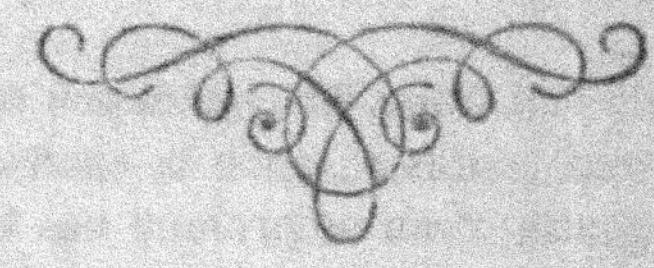

QUEU DRÔL' D'AMOUREUX

QUEU DRÔL' D'AMOUREUX

Air : *Dans ton charmant taudis.*

Ah ! queu drôl' d'amoureux !
  Est-i' couenne,
  Ce pauvre Antoine !
I' m' parl' de blé, d'avoine,
D' sa vache et d' ses bœufs ;
J' voudrais ben l'épouser
Pour l' bien dont il dispose ;
Mais, j'ai peur d' m'abuser ;
Sitôt qu' j' le propose,
I' dit : v'là ben autr' chose ! — Ah ! queu drôl', etc.

Quand j' dis : Allons cueillir
La prun' sous la verdure ;
Crac ! je l' vois défaillir ;
Puis, tout bas, i' murmure :
Ell' n'est point assez mûre :   — Ah ! queu drôl', etc.

Si j' l'i dis, vers le soir ;
Dans c' lieu désert, agreste,
Viens près de moi t'asseoir ;
I' dit d'un ton modeste :
J' crains de salir ma veste !   — Ah ! queu drôl', etc.

J' l'i redisais tantôt :
Tu sais, la jeune Claire
Va s' marier bientôt ;
I' répond, pour m' complaire :
I' faut la laisser faire !   — Ah ! queu drôl', etc.

Si j' le pri' poliment
D' ramasser ma mitaine ;
I' reprend brusquement :
C'est être un peu trop vaine ;
A quoi bon prendr' cett' peine ! — Ah ! queu drôl', etc.

Si j' l'i parle d'enfants,
Et qu'aurai-ment des nôtres ;
I' prend d'airs triomphants,
En disant : d' tels apôtres,
J'i sâ' m' bien mieux à d'autres ! — Ah ! queu drôl', etc.

MAZABRAUD (de Solignac).

LA CANOTIÈRE.

CHANSONNETTE

Paroles d'Arthur LAMY.

———————

Air : *Allons, pâtres et bergers, partons pour la mer Noir*

Plus vive que le goujon
Au fond de la rivière,
Manœuvrant un aviron
Comme une marinière,
Aspirant le caporal
Aussi bien qu'un amiral,
  Et du bacchanal
  Donnant le signal,
  Voici la canotière. } *bis.*

Sachant se nourrir de peu,
Bien souvent de gruyère,
Absorbant le petit bleu
Aussi bien que l'Madère,
Et quand donne l'appétit,
Préférant aux mets exquis
  Le fin goujon frit
  Et le veau rôti,
  Voici la canotière. } *bis.*

Effeuillant joyeusement
Son bouquet de rosière,
Et profitant du présent
Sans regarder arrière,
Sans souci du lendemain,
Sachant par un gai refrain
  Narguer du destin
  Peines et chagrin,
  Voici la canotière. } *bis.*

Voyant son chapeau d' côté,
Sa vareuse légère,
Son brûlot bien culotté
Et sa démarche altière,
Admirant son air flambart,
Chacun dit : c'est un Jean-Bart.
  Moi, je dis à part :
  Vous vous trompez ; car,
  C'est une canotière.
} *bis.*

Lorsque le sort rigoureux
Vous lance sa colère,
Lorsqu'un amour malheureux
Vous pousse vent arrière ;
Loin de vous jeter à l'eau,
Venez dans notre canot,
  Vous verrez bientôt
  Finir tous vos maux
  Avec la canotière.
} *bis.*

Le plaisir, assure-t-on,
N'aime pas les manières ;
Il dédaigne le bon ton
Et les allures fières ;
Mais, sur les eaux d'ici-bas,
Tant que l'on canotera,
  La gaîté vivra,
  Et l'on entendra
  Chanter les canotière.
} *bis.*

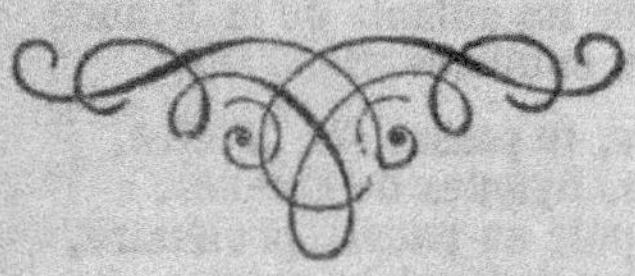

A LA MÉMOIRE

DE

BÉRANGER

CHANSON

Paroles d'Arthur LAMY.

Air : *Du retour des Chansons* ou du *Retour de France.*

Bienheureux fils d'une muse adorée,
En ton cercueil, illustre BÉRANGER !
Réveille-toi, ta lyre bien-aimée
Adoucit l'âme et bannit le danger.
Non, tu n'es plus ; mais, un peuple en silence
Garde, en son cœur, tes divines leçons,   (bis.)
Et dans cent ans les enfants de la France   } bis.
Répéteront tes sublimes chansons.

Bravant du sort l'aveugle perfidie
Et flagellant le sot, le courtisan,
Résolument tu consacras ta vie
A soulager le pauvre, l'artisan.
Noble penseur, que ta mâle éloquence
Guide nos pas à travers les sillons,   (bis.)
Et dans cent ans les enfants de la France   } bis.
Répéteront tes sublimes chansons.

Bien loin ces jours où la horde ennemie,
En nos pays changeant un fier drapeau,
Rivait des fers que la haine et l'envie
Avaient flétris jusqu'au fond du tombeau.
Notre malheur émut ton luth immense,
Grands et petits reçurent tes leçons,   (bis.)
Et dans cent ans les enfants de la France   } bis.
Répéteront tes sublimes chansons.

Bon, généreux, tu passas sur la terre,
Et tes couplets, hymnes de l'atelier,
Rendaient l'espoir au pauvre prolétaire,
Aux malheureux ils faisaient oublier.
Notre pays, plein de reconnaissance,
Grave ton nom, que tous nous chérissons,   (bis.)
Et dans cent ans les enfants de la France   } bis.
Répéteront tes sublimes chansons.

NE RIEZ PAS
DES INSENSÉS

ROMANCE.

Paroles de LÉON QUENTIN

Musique de Victor ROBILLARD.

La Musique se trouve chez **A. HURE**, libraire-éditeur à Paris,
rue Dauphine, n° 44, près le Pont-Neuf.

Quand parmi nous un fou s'égare,
Accablé d'étranges douleurs,
Et vient jeter son chant bizarre
Au milieu des rires moqueurs ;
Moi, qui contemple d'un œil triste
Cet homme aux traits bouleversés,
Je crie à la foule égoïste :
Ne riez pas (*bis*) des insensés !　　　*bis.*

Celui-ci qui jette sans cesse
Un long regard à l'horizon,
Avec son navire en détresse
A vu s'engloutir sa raison.
Voici qu'il s'élance à la nage
A travers les flots courroucés,
Et tous les jours il fait naufrage...
Ne riez pas (*bis*) des insensés !　　　*bis.*

Celui-là qui tout bas répète
Un nom qui nourrit sa douleur,
Avec une âme de poète,
S'éprit d'une femme sans cœur ;
Il a vu s'enfuir l'infidèle,
Voici déjà vingt ans passés ;
Et depuis vingt ans il l'appelle.
Ne riez pas (*bis*) des insensés !
} *bis.*

Cet autre, dont la face blême
S'éclaire d'un regard profond,
Cherche à résoudre un grand problème
Et s'interroge en vain le front.
A couronner ce front qui songe,
Les cheveux blancs sont empressés ;
Son idée est là qui le ronge...
Ne riez pas (*bis*) des insensés !
} *bis.*

Oui, je frémis lorsque l'on ose
Rire au bord d'un goufre béant ;
Nous, qui sommes si peu de chose
Dans la balance du néant.
Oh ! vous, sceptiques sans croyance,
Dont rien n'émeut les cœurs glacés ;
Dieu vous garde l'intelligence !
Ne riez pas (*bis*) des insensés !
} *bis.*

LA JOIE FAIT PEUR

ROMANCE DRAMATIQUE.

Paroles d'Arthur LAMY.

Air: *Demoiselle et Grisette.*

Depuis plus de trois ans, pour un lointain rivage,
En me disant adieu, Pierre partit un soir ;
Je reviendrai, dit-il, alors un mariage
Bénira notre amour ; mais, hélas ! plus d'espoir...
Il est mort loin de nous... Ciel ! que dis-tu, ma mère ?
Cette lettre... ô bonheur !... Pierre, ici, va venir !
      Pierre, ici, va venir !
Vous avez exaucé ma fervente prière ;
C'est trop, pitié, mon Dieu ! de joie on peut mourir. } *bis.*

Sa main tenant ma main sous la verte feuillée,
Il me disait : crois-moi, va, crois-en mon ardeur ;
Depuis plus de trois ans, l'espérance envolée,
Aux plus cruels tourments avait livré mon cœur.
Mais, il est de retour ; il m'appelle sa femme,
Et notre vieux pasteur, demain, va nous bénir,
      Demain, va nous bénir !
D'ivresse et de bonheur, les coups brisent mon âme ;
C'est trop, pitié, mon Dieu ! de joie on peut mourir. } *bis.*

Entendez-vous les sons de la cloche argentée ?
Échos harmonieux, montez vers l'Éternel ;
Déjà, par vos doux soins, mère, je suis parée,
Pierre vient me chercher, il me mène à l'autel.
Oui, c'est lui... le voici... ciel ! mon âme ravie
S'envole... est-ce la mort ? Je me sens défaillir,
      Je me sens défaillir ;
Dans les bras d'un époux, je renais à la vie,
Le bonheur, ici-bas, ne fait jamais mourir. } *bis.*

SAPRISTI !
COMME ÇA FAIT DU BIEN !

Paroles d'Émile DURAFOUR.

Air *du Testament d'un Garçon.*

J'aime à vider une bouteille,
Comme l'avare aime son or ;
Joyeux partisan de la treille,
Ma gaîté seule est mon trésor.
Je nargue la mélancolie,
Je vis heureux et je n'ai rien.
Quand on mène joyeuse vie,
Sapristi ! comme ça fait du bien !   (bis.)

J'ai noblement servi la France,
J'ai combattu pour son honneur ;
J'ai fait preuve de ma vaillance,
Suivant notre drapeau vainqueur.
On doit son sang à la patrie ;
Pour elle, j'ai versé le mien.
Quand c'est pour toi, France chérie !
Sapristi ! comme ça fait du bien !   (bis.)

Enfant de la vieille Bourgogne,
J'aime à chanter une chanson ;
Vous devez lire sur ma trogne
Que je suis gai comme un pinson.
Quand un pauvre de moi s'approche,
Je compare mon sort au sien ;
Dans ses mains je vide ma poche :
Sapristi ! comme ça fait du bien !   (bis.)

Je fis rencontre de Jeannette,
Passant, hier, au bois des houx :
Pardon, lui dis-je, ma brunette,
Ai-je surpris ton rendez-vous ?
Dans ses yeux je lisais l'ivresse,
Son cœur avait compris le mien ;
Alors sur mon sein je la presse :
Sapristi ! comme ça fait du bien !   (bis.)

UN DÉJEUNER A BERCY.

Défonçons barils et tonneaux !
La folie,
A Bercy, nous rallie ;
Défonçons barils et tonneaux !
Attaquons les vieux fûts, respectons les nouveaux !

Que d'autres parcourent le monde,
Dans leur folle humeur vagabonde ;
Par goût, nous aimons le plaisir
Que, tout près, chacun peut saisir.
Quand de vin nos caves sont pleines,
Oublions les plages lointaines.
Bornons ici notre chemin ;
Et tous, le verre en main,
Buvons jusqu'à demain !

Défonçons, etc.

Voyez sur les bords de la Seine
Ces muids étalés par centaine ;
Ils viennent des côteaux fleuris
Nous porter la joie à Paris.
Le Bourgogne près du Champagne,
Le dispute aux vins d'Espagne ;
Envers tous montrons-nous courtois,
Sans accorder le choix
Au Madère, à l'Arbois !

Défonçons, etc.

Qui peut rattacher à la vie
Ce vieux ladre à l'âme asservie,
De l'œil couvant son coffre-fort ?
Se croit-il exempt de la mort ?
Sur terre, en butte à maint orage,
Où plus d'un souvent fait naufrage,
Tâchons de couler d'heureux jours ;
Le bon vin fut toujours
Le père des amours !

Défonçons, etc.

Quand le savant lit dans les astres
La cause des futurs désastres,
Qu'il pérore, en longs mots, en *us*,
Sur Jupiter, Mars et Vénus !
Nous savons chanter, rire et boire.
Ce beau talent n'est point sans gloire ;
Plaignons les buveurs damerets,
    Séduits par les attraits
    Des muscats, des clairets !

    Défonçons, etc.

Prenons en pitié les usages
Des buveurs d'eau, se disant sages ;
Trouva-t-on jamais la gaîté
Dans un breuvage frelaté ?
Après l'énorme gibelotte,
Qu'on nous serve une matelotte !
Et que tous, gourmands et gourmets,
Nous trouvions dans ces mets
        De suaves fumets !

    Défonçons, etc.

La vie est de courte durée,
Qu'elle soit de charme entourée !...
De nos aïeux, gais nourrissons,
Imitons les doctes leçons !
Et si, plus tard, notre mémoire
N'a pas les honneurs de l'histoire,
Nous dirons, en fermant les yeux :
    Voulez-vous, en ces lieux,
    Etre toujours joyeux ?

    Défonçons, etc.

MAZABRAUD (de Solignac)

Paris, **A. HURÉ,** éditeur et seul propriétaire

rue Dauphine, 44, près le pont Neuf.

Paris. Typ. Beaulé, rue Jacq. de Brosse, 10.

SUR LES
BORDS DE L'OHIO

CHANSON NÈGRE.

Paroles de CH. M. DELANGE, Musique de VICTOR PARIZOT

La Musique se trouve chez A. GRUS, boulev. Bonne-Nouvelle, 31, à Paris.

Tout le long de l'Ohio,   *(bis.)*
Ho ! ho !—Petit Zoïo,
Revenais dans pirogue,
En chantant : vogue, vogue,
Vogue, vogue, Zoïo !
Ho ! ho ! ho ! — Ho ! ho ! ho !
Vogue, petit Zoïo !   *(bis.)*

Avais fait bonne pêche,
Rapportais dans maison
Petit poisson qui sèche
Pour mauvaise saison.
En approchant de l'île,
Moi, plus chanter du tout :
Avoir vu crocodile
Qui venait boire un coup.   *(bis.)*
Pauvre petit Zoïo !   *(bis.)*
Ho ! ho !—Petit Zoïo,
Ça rend lui pas tranquille
De trouver crocodile
Sur les bords de l'Ohio !
Ho ! ho ! ho ! — Ho ! ho ! ho !
Sur les bords de l'Ohio !   *(bis.)*

Pour plaire à crocodile,
Moi, lui dis : Ça va bien ?
Lui restait immobile
Et ne répondait rien ;
Mais ouvrait grande bouche,
Comme pour dire : Oh ! non !
Ton procédé me touche ;
Moi, trouver toi bien bon !   *(bis.)*
Oui ! trouver bon Zoïo !   *(bis.)*
Ho ! ho !—Petit Zoïo,
Pour faire la dinette !
Croquer comme noisette
Sur les bords de l'Ohio !
Ho ! ho ! oh ! — Ho ! ho ! ho !
Sur les bords de l'Ohio !   *(bis.)*

Album du Gai chanteur.   37ᵉ Livraison.

« Toi, bête pas méchante! »
Lui dis encor, pour voir,
« Avoir mangé ma tante;
Toi, pouvais pas savoir!
Un jour, bien en colère,
Avoir aussi mangé
Bamboulo, mon grand-père!
Mais, lui, vieux, bien âgé!   (*bis.*)
    Toi, pas manger Zoïo!   (*bis.*)
    Ho! ho!—Petit Zoïo,
Il est encor bien maigre!
Toi, chercher bon gros nègre
Sur les bords de l'Ohio!
Ho! ho! ho! — Ho! ho! ho!
Sur les bords de l'Ohio! »   (*bis.*)

Voyant lui pas facile,
Pas écouter raison,
Moi, lui jette, à la file,
Tous mes petits poissons.
Lui, manger trop d'ablettes,
Charger son estomac,
Avaler des arêtes
Qui font faire à lui : conac!   (*bis.*)
    Amuser bien Zoïo,   (*bis.*)
    Ho! ho!—Petit Zoïo,
Voir caïman féroce
Se flanquer une bosse
Sur les bords de l'Ohio!
Ho! ho! ho! — Ho! ho! ho!
Sur les bords de l'Ohio!   (*bis.*)

Mais, moi, surtout, bien aise,
Quand j'ai vu lui, bientôt,
Éprouver grand malaise,
Dormir comme un sabot!
Alors, moi, tout de suite,
Avoir empaillé lui!
Lui, changer de conduite;
Plus gourmand aujourd'hui!   (*bis.*)
    Lui, pendu chez Zoïo!   (*bis.*)
    Ho! ho!—Petit Zoïo,
Apprendre à grosse bête
A fair' le pique assiette
Sur les bords de l'Ohio!
Ho! ho! ho! — Ho! ho! ho!
Sur les bords de l'Ohio!   (*bis.*)

UNE PORTIÈRE
Qui n'a plus de Tabac.

AIR : { *Des Auvergnats*
ou *Il faut remercier l' bon Dieu d' tout.*

Sais-tu la triste nouvelle,
Sais-tu ce que le destin ?
A moi, portière modèle
M'envoie sur le casaquin.
Ecoute, chère voisine,
Et si tu mis quelquefois
Du tabac dans ta narine,
Pleurons la rigueur des lois.

Ce fut à ma tabatière
Que je dus mes grands succès,
A déíant de nous, commère,
Le tabac a des attraits ;
Mais aujourd'hui la Civette,
Sans façon m'en rogne un quart,
Ça m'a coupé la musette
Et fait pâlir mon camard.

Jamais je n'usai pour plaire
Le parfum tiré des fleurs,
La prise et mon savoir faire
Charmaient, enivraient les cœurs.
Mais, voilà que mes ressources
Par suite d'un noir décret
Ont vu se tarir leurs sources,
Quel horrible camouflet !

O temps heureux qui s'envole
Où ma boîte et mes beaux yeux,
Faisaient perdre la boussole
A maint et maint amoureux !
Sans songer qu'il me défrise,
Jean qui parut m'aimer tant,
Disparut avec la prise...
C'est un scandale effrayant.

MASSE.

LE DELIRE BACHIQUE

CHANSON A BOIRE
Imitée de Glycère.

AIR : *Allons, Glycère, remplis mon verre.*

Fous, qui cherchez dans la sagesse
Le bonheur qu'on n'y peut saisir ;
Nous rions de votre faiblesse :
Le seul vrai bien, c'est le plaisir.

En cette vie,
Que la folie
Charme nos jours ;
Du plaisir les instants sont courts.
Jus de la treille,
Liqueur vermeille,
De nos amours,
Viens toujours
Embellir le cours.
Jus de la treille,
Liqueur vermeille,   } bis.
De nos amours,
Viens toujours
Embellir le cours.
Tra la, la, la, la, tra la, la, la, la,
Tra la, la, la, la, la, la, la, la, la, la, la,
La.

A quoi sert la vaine science,
L'hébreu, le grec et le latin ?
Si la vigne, dans la souffrance,
Vous refuse son jus divin.   — En cette vie, etc.

Par la grammaire et par l'histoire,
On ne vit pas dans un cercueil ;
A conjuguer le verbe boire,
Moi, je place tout mon orgueil. — En cette vie, etc.

Cherchez, cherchez votre planète,
Astronomes remplis d'ardeur ;
Je n'estime que la comète
Qui nous donne du vin meilleur. — En cette vie, etc.

Puisqu'il faut monter dans la barque
Qui nous conduit au sombre bord,
En attendant l'avide Parque,
Chantons, amis, chantons encor. — En cette vie, etc.

ARTHUR LAMY.

L'ÉCHO DES CHANSONS

Paroles de Henri TURENNE.

AIR : *Noël*, Musique de AD. ADAM.

Bien jeune encor, j'aimais la poésie,
Et je lui dois des plaisirs enchanteurs ;
En écoutant le luth de Polymnie,
De ses accords je sentais les douceurs.
Epris alors d'une beauté divine,
Le tendre amour dictait mes premiers sons ;
Je prononçais le doux nom de Céline,
Et les échos répétaient mes chansons.　　　(bis.)

On me disait : « Etouffe ton génie,
« Ne cherche pas de stériles honneurs.
« Quand à Plutus le monde sacrifie,
« Fuis d'Hélicon les piéges séducteurs.
« Les muses ont fait répandre des larmes
« Aux plus aimés de leurs chers nourrissons. »
Je répondis : « Je chanterai leurs charmes,
« Et les échos rediront mes chansons. »　　　(bis.)

On me disait : « On ne peut plus écrire,
« Ou l'on gémit de sa célébrité.
« On prescrira tes refrains et ta lyre,
« Si l'on entend le mot de liberté ! »
Je répondis : « Ce n'est pas la licence,
« Mais le progrès que tous nous encensons.
« Je chanterai l'honneur, l'indépendance,
« Et les échos rediront mes chansons. »　　　(bis.)

On ajoutait : « Le récit de nos guerres
« Ne charme plus l'oreille des Français.
« Le peuple, ému des hauts faits de nos pères,
« Ne chante plus nos glorieux succès. »
Je répondis, rappelant la vaillance
Et les exploits de tous nos bataillons :
« Je chanterai la gloire de la France,
« Et les échos rediront mes chansons. »　　　(bis.)

CHRÉTIENNE
ET
MUSULMAN.

Paroles de MARC CONSTANTIN, Musique de JULES JAVELOT.

La Musique se trouve chez A. IKURNÉ, libraire-éditeur, à Paris,
rue du Petit-Carreau, 14.

J'aime, au désert, voir mon coursier numide,
Fuir comme un trait sur les sables tremblants ;
De l'oasis, j'aime encore l'ombre humide
Des pélerins calmer les fronts brûlants.

Mais j'aime mieux l'or de ta blonde tête,
O ma chrétienne ! esclave aux yeux si doux ;
Et je me ris des lois du saint prophète,
Car c'est ton Dieu que j'implore à genoux ;
Oui, je me ris des lois du saint prophète,
Car c'est ton Dieu que j'implore à genoux.

J'aime des cieux les étoiles nacrées,
Quand vers le soir la caravane dort ;
J'aime la pourpre et les voûtes sacrées
Des minarets au diadème d'or !...
　　Mais j'aime mieux, etc.

Jusqu'à ce jour, j'aimais le doux mystère
De mon harem qu'abritent des remparts ;
Mais aujoud'hui tous les biens de la terre
Ne valent pas un seul de tes regards.
　　Car j'aime mieux, etc.

VOISINE

OUVREZ DONC VOS RIDEAUX

CHANSONNETTE.

Paroles d'ARTHUR LAMY.

AIR : *Voisine, fermez donc vos rideaux.*

Lorsqu'un jour, à votre fenêtre,
Respirant l'air pur du matin,
Voisine, je vous vis paraître,
Mon âme sourit au destin.
Hélas! bientôt la mousseline
Vint me voiler des traits si beaux.
Ah! par pitié, belle voisine,
Voisine, ouvrez donc vos rideaux.
Ah! ah! pitié! belle voisine,
  Ouvrez donc vos rideaux.

Sous les frais rameaux de pervenches,
Un sourire malicieux
Me découvrit, de perles blanches,
Deux rangs serrés et gracieux.
Depuis, votre image lutine
En mon cœur cause mille maux;
Ah! par pitié, belle voisine,
Voisine, ouvrez donc vos rideaux.
Ah! ah! pitié! belle voisine,
  Ouvrez donc vos rideaux.

Quand s'éclaire votre chambrette
A la nuit qui va commencer,
Voisine, votre silhouette,
Comme un sylphe vient m'agacer.
Mille charmes que je devine
Sont là derrière les vitraux.
Ah ! par pitié, belle voisine,
Voisine, ouvrez donc vos rideaux.
Ah ! ah ! pitié ! belle voisine,
   Ouvrez donc vos rideaux.

Un soir, sur l'étoffe légère,
Près de votre ombre m'apparut
Une ombre... ô jalousie amère !
D'un doute mon âme s'émut.
Mais, bientôt l'objet se dessine,
C'était... votre chat Robinaux,
Ah ! par pitié, belle voisine,
Voisine, ouvrez donc vos rideaux.
Ah ! ah ! pitié ! belle voisine,
   Ouvrez donc vos rideaux.

Pourquoi, voisine, être cruelle ?
Quand je soupire chaque jour ;
Doit-on, lorsque l'on est si belle,
Être insensible à tant d'amour ?
De votre prunelle divine
Un doux regard, c'est le repos.
Ah ! par pitié, belle voisine,
Voisine, ouvrez donc vos rideaux.
Ah ! ah ! pitié ! belle voisine,
   Ouvrez donc vos rideaux.

NOTRE ÉTOILE

MÉLODIE,

Paroles de JULES DUVERT, Musique de JULES JAVELOT.

La musique se trouve chez **A. HURÉ**, libraire-éditeur, à Paris,
rue du Petit-Carreau, 14.

Nous avons chacun notre étoile
Qui, dans les cieux, marque nos jours,
Et nous voguons à pleine voile
Sous le vent brûlant des amours.
Ces vents, au temps de notre enfance,
Conduits par l'amour maternel,
Sont les vents purs de l'innocence,
Et notre étoile brille au ciel ! } *bis.*

Mais, cette étoile scintillante
Qui marque nos premiers printemps,
Devient pour nous plus éclatante
Et change d'instants en instants.
Arrivés de l'adolescence
Au fleuve azuré des amours,
Nous voguons avec confiance :
Notre étoile brille toujours ! } *bis.*

Mais dans une phase nouvelle,
Quittant son brillant printanier,
Notre étoile alors nous appelle,
Et c'est l'étoile du guerrier !
A nos yeux brille la victoire,
Et nous marchons au son du cor ;
Nous volons aux champs de la gloire,
Et notre étoile brille encor ! } *bis.*

Pour le repos, après la guerre,
Et laissant Mars pour les amours,
Près d'une aimable ménagère,
Nous passons encor d'heureux jours.
L'amour, doucement nous énerve,
Notre but alors est atteint ;
Cupidon nous montre Minerve :
C'est notre étoile qui s'éteint ! } *bis.*

LA BONNE TERRE.

AIR : *Ma Vigne.* (DUPONT.)

Dieu, dont les immmortelles mains
En six jours firent les humains,
Les cieux et la nature entière,
Dit à l'homme : Sois travailleur,
Courbe ton front sous le labeur ;
Car le travail c'est la prière
Qui, s'adressant à l'Éternel,
De la vie adoucit le fiel.

REFRAIN.

Du soleil déjà la lumière
Vient éclairer nos vieux coteaux.
Bon laboureur à tes travaux,
Car c'est ton bras (*bis*) qui fait la terre,
   Oui, le bon bras
   Fait ici-bas
   La bonne terre.

Malgré le froid ou la chaleur,
Le corps ruisselant de sueur,
Chante et travaille avec courage.
Sur la côte, dans le vallon,
Partout va, creusant le sillon ;
Et pour féconder ton ouvrage,
Le ciel enverra sur tes champs
Un peu de pluie et du beau temps.
   Du soleil, etc.

Le cœur rongé de vains désirs,
Esclaves de coûteux plaisirs.
On voit l'habitant de la ville
Toujours inquiet et jaloux,
Du sort accuser le courroux ;
L'homme des champs est plus tranquille ;
C'est pour lui que dans sa bonté,
Le Seigneur fit la liberté.
   Du soleil, etc.   A. LAMY.

LE CHANT

DU

FOUR-A-CHAUX

Paroles d'ARTHUR LAMY,

AIR : *Vive à jamais le Canal Saint-Martin.*

Ami de la bamboche,
Au cœur grand, généreux,
Sans un sou dans sa poche,
Il sait vivre joyeux.
Souvent, dans sa misère,
Il possède un ami ;
Que de riches sur terre
Sont plus pauvres que lui.

Narguant les coups du sort et le temps et sa faulx,
Vivant au jour le jour et se moquant des sots,
Amis, voilà, voilà le Four-à-Chaux.
Sachant braver les maux
Par des refrains nouveaux,
Toujours dispos,
Voilà le Four-à-Chaux,
Oui, mes amis, voilà le Four-à-Chaux.

Pour lui, suivant sa course,
La vie a des appas,
Et le cours de la Bourse
Ne l'importune pas.
Mais ce qui sur la terre,
Seul, cause son chagrin,
C'est lorsqu'à la barrière
Vient la hausse du vin.
    Narguant, etc.

Voyant son œil de flamme,
Son aspect enchanteur,
Plus d'une grande dame
Veut conquérir son cœur.
Il préfère les charmes
D'un amour sans façon,
Et dépose les armes
Près d'un minois fripon.
    Narguant, etc.

Mais, malgré la victoire,
Un jour, si l'étranger,
Oubliant notre gloire,
Osait nous menacer,
Plein d'ardeur, de vaillance,
Toujours au premier rang,
Pour l'honneur de la France,
Il donnerait son sang.
    Narguant, etc.

Paris. — Typ. Beaulé, 10, rue Jacques de Brosse.

LE MÉNÉTRIER THOMAS

Paroles et Musique de Feu PARIS.

La Musique se trouve chez **A. HURE**, libraire-éditeur, à Paris,
rue Dauphine, n° 44, près le Pont-Neuf.

C'est le ménétrier Thomas,
  Un peu rouillé par l'âge,
Car son instrument ne plaît pas
  Aux filles du village.
De l'indulgence, mes enfants,
  Leur disait-il sans cesse ;
Peut-on jouer à soixante ans
  Comme dans sa jeunesse ?
Tra la la la deri lon la,
  Tra la la la lon laire.   } *bis.*

Jadis, au temps de mes amours,
  A l'ombre d'un vieux chêne,
Fallait-il jouer chaque jour ?
  Ah ! je jouais sans peine ;
Mais mon bras qui n'est plus nerveux,
  Vainement se démanche,
Et c'est à peine si je peux
  Jouer chaque dimanche.
    Tra la la la, etc.

Chaque dimanche est trop, vraiment;
  Car, aimables bergères,
J'ai perdu le seul instrument
  Qui fit danser vos mères.
Je n'avais que ce petit bien ;
  Mais, toujours triste apôtre,
Je n'ai pu trouver le moyen
  D'en acquérir un autre.
    Tra la la la, etc.

Album du *Gai Chanteur.* — 2ᵉ vol. 38ᵉ Livraison.

Ah ! que la danse a des vertus
　　En maintes circonstances ;
Elle réprime les abus,
　　Rapproche les distances.
J'ai vu le marquis sous l'ormeau
　　Danser avec Élise,
Tandis qu'avec Pierre, au château,
　　Sautait notre marquise.
　　　　Tra la la la, etc.

Moi, qui ne suis qu'un villageois,
　　Sans que cela paraisse,
Je faisais danser autrefois
　　Élise, grande comtesse ;
Mais je m'en suis bientôt lassé ;
　　Car, manquant la mesure,
Elle me faisait recommencer
　　Trop souvent la figure.
　　　　Tra la la la, etc.

Mais n'étant pas toujours soumis
　　Auprès des grandes dames,
De la plupart de mes amis,
　　J'ai fait danser les femmes ;
Il en est même en ce canton,
　　Dont l'humeur fut précoce,
A qui j'ai donné des leçons
　　Longtemps avant leur noce.
　　　　Tra la la la, etc.

Enfin j'ai cédé tous mes droits
　　A quelques joyeux drilles.
Choisissez des danseurs adroits,
　　Vous toutes, ô jeunes filles !
Mettez-vous y soir et matin ;
　　Allons, entrez en danse,
Et lorsque vous serez en train,
　　Observez la cadence.
　　　　Tra la la la, etc.

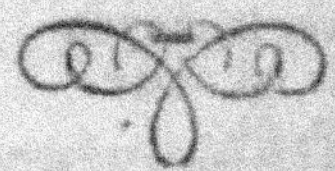

LA FOLLE.

ROMANCE DRAMATIQUE.

d'Albert GRISAR.

Tra la la la, tra la la la, quel est donc c t air?   (*bis.*)
Ah! oui, je me souviens, l'orchestre harmonieux
Préludait vivement par ses accords joyeux;
Il s'avança vers moi : sa voix timide et tendre
Murmura quelques mots que je ne pus entendre.
Je voulais refuser et je ne pus parler,
Et lui saisit ma main, je le sentis trembler,
Moi, je tremblais aussi; son long regard de flamme
En des pensers d'amour avait jeté mon âme,
Et pendant tout le bal je ne pensais qu'à lui.   (*bis.*)

Tra la la la, tra la la la, d'où me viennent ces sons? (*bis.*)
Ah! oui, je me souviens, quinze jours écoulés!
Le soir, au bal brillant, par la valse entraînés,
O comble de bonheur! félicité suprême!
Sa bouche à mon oreille a prononcé : je t'aime!
Et faible que j'étais je ne pus résister;
Puis sur mon front brûlant je sentis un baiser,
Oh! seulement alors je connus l'existence,
L'amour et son bonheur, sa force et sa puissance,
Et je ne vivais plus, car j'étais tout en lui.   (*bis.*)

Tra la la la, tra la la la, que ces sons me font mal. (*bis.*)
Ah! oui, je me souviens, je fus heureuse un mois!
Et, depuis ce moment, je soupire toujours.
Cette valse, écoutez : c'est pendant sa durée
Qu'il était à ses pieds, que sa bouche infidèle
Lui jurait qu'il l'aimait, et ne l'aima jamais.
Je sentis à ces mots ma tête se briser;
Un horrible tourment tortura tout mon être.
Que j'aime les plaisirs, la parure et la danse!
Que je souffre, ô mon Dieu! rien qu'en pensant à lui. (*bis.*)

   Arthur, Arthur, Arthur, Arthur!

LA NÉGRESSE

ROMANCE.

Un jour, une mère cruelle
Traînait au rivage africain
Sa fille unique, jeune et belle ;
Des chaînes, hélas ! chargeaient ses mains.
Ah ! disait la jeune Négresse,
Où guidez-vous mes pas tremblants ?
Oh! ma mère ! l'effroi me presse,
Et vous allez me vendre aux Blancs !

Je soulageais votre vieillesse,
Je veillais sur votre repos,
Et, pour une simple carresse,
Je bravais les vents et les flots.
Votre couche était toujours fraîche ;
C'est moi qui cultivais vos champs ;
Vous aviez ma chasse et ma pêche,
Et vous allez me vendre aux Blancs !

Oh ! ma mère! que la nature
Se fasse entendre à votre cœur !
De vous, j'écartais la froidure,
De vous, j'écartais la chaleur.
Je vous emmenais sous l'ombrage
De nos arbustes odorants,
Et vous m'entraînez au rivage,
Et vous allez me vendre aux Blancs !

Oui, votre sein m'a donné l'être :
Je suis l'enfant de votre amour ;
Avais-je demandé à naître ?
Bientôt je vais maudire le jour.
Ai-je mérité l'esclavage ?
Ma mère, ah ! quel Dieu méchant,
Et vous m'entraînez au rivage,
Et vous allez me vendre aux Blancs !

Elle pleurait encore sa mère,
Tandis qu'elle-même la vendait ;
Étant sur la rive étrangère,
Elle seule tout bas répétait :
Dieu ! d'une mère qui m'oublie,
Daigne protéger les vieux ans ;
Fais qu'elle meure dans sa patrie,
Et qu'on ne la vende pas aux Blancs !

LA BRISE DU MATIN

BARCAROLLE.

Musique de LORENZO.

La Musique se trouve chez **A. HUBÉ**, libraire-éditeur, à Paris,
rue Dauphine, n° 44, près le Pont-Neuf.

Déjà la brise du matin
Soulève dans les airs la voile frémissante.
Le jour est propice au marin,
La mer est favorable et le ciel est serein ;
Oublions tous, à cette heure charmante,
Les soucis de la veille et ceux du lendemain.

Laissons au caprice des flots
Dériver doucement notre barque légère,
Respirons, heureux matelots,
Les parfums de la terre,
Et le frais
Et le frais pénétrant du zéphir et des eaux.

Le sage est content de son sort,
Il ne s'expose point aux flots d'un autre monde,
Son œil ne perd jamais le bord,
Et si l'onde se ride, il regagne le port ;
Tandis qu'au loin, dans la vague profonde,
L'ambitieux trompé tombe avec son trésor.
Laissons, etc.

Le sage est pressé de jouir,
Il compte faiblement sur une longue vie,
Il sait, amoureux du plaisir,
Préférer le présent au douteux avenir ;
A l'incertain qu'un autre sacrifie,
Il veut avoir vécu quand il faudra mourir.
Laissons, etc.

Le sage commande à l'amour,
Qui, semblable à la mer, est fécond en naufrages,
S'il aime, c'est pour un seul jour ;
Un désir dans son cœur ne fait pas long séjour.
Tout en voguant de flots et de rivages,
Comme de voluptés il change tour à tour.
Laissons, etc.

JE VEUX FINIR
COMME J'AI COMMENCÉ.

CHANSON DE FEU **BRAZIER.**

Puisque je prends avec vous mes ébats,
C'est aujourd'hui un refrain que j'implore ;
Mais la raison, enfin, me dit tout bas :
A soixante ans dois-tu chanter encore.
Par des chansons ma mère m'a bercé :   } *bis.*
Je veux finir comme j'ai commencé.

Je me souviens, enfant, quand je pleurais,
Je fus bercé dans les bras d'une femme ;
Lorsqu'il faudra m'endormir pour jamais,
Je veux encore que sa main me réclame,
Et sur son sein posant mon front glacé,
    Je veux finir, etc.

Sans imiter les Bernier, les Chaulieu,
Je bois un coup quand je me mets à table,
Je bois encor pour le coup du milieu ;
Mais au dessert la soif est redoutable.
Le bouchon part... le champagne a moussé,
    Je veux finir, etc.

On pourrait bien se venger des méchants,
On sait pourtant si l'espèce en abonde ;
Moi, plus heureux, par de modestes chants,
J'ai su braver les peines de ce monde.
Jamais le fiel dans mon sang n'a passé,
    Je veux finir, etc.

Un avenir, une espérance, un Dieu,
Ont embelli les jours de ma jeunesse ;
Quand à ce monde il faudra dire adieu,
Sans que jamais aucun espoir ne reste.
Ah ! vers le ciel mon œil sera fixé !
    Je veux finir, etc.

LE MÉNAGE
D'UN GARÇON

CHANSON

Par Joseph PAIN.

Je loge au quatrième étage,
  C'est là que finit l'escalier ;
Je suis ma femme de ménage,
  Mon domestique et mon portier.
Des créanciers quand la cohorte,
  Au logis sonne à tour de bras,
C'est toujours, en ouvrant la porte,
  Moi qui dis que je n'y suis pas.

De tous mes meubles, l'inventaire
  Tiendrait un carré de papier ;
Pourtant je reçois d'ordinaire
  Des visites dans mon grenier.
Je mets les gens fort à leur aise,
  A la porte un bavard maudit,
Tous mes amis sur une chaise,
  Et ma maîtresse sur mon lit.

Vers ma demeure quand tu marches,
  Jeune beauté, va doucement ;
Crois-moi, quatre-vingt-dix-huit marches
  Ne se montent pas lestement.
Lorsque l'on arrive à mon gîte,
  On se sent un certain émoi ;
Jamais sans que son cœur palpite,
  Une femme n'entre chez moi.

Gourmands, vous voulez, j'imagine,
De moi, pour faire certain cas,
Avoir l'état de ma cuisine :
Sachez que je fais trois repas.
Le déjeûner m'est très-facile,
De tous côtés je le reçois,
Je dîne tous les jours en ville,
Et ne soupe jamais chez moi.

Je suis riche et j'ai pour campagne
Tous les environs de Paris,
J'ai mille châteaux en Espagne,
J'ai pour fermiers tous mes amis.
J'ai, pour faire le petit maître,
Sur la place, un cabriolet ;
J'ai un jardin sur ma fenêtre,
Et mes rentes dans mon gilet.

Je vois plus d'un millionnaire
Sur moi s'égayer aujourd'hui ;
Dans ma richesse imaginaire,
Je suis aussi riche que lui.
Je ne vis qu'au jour la journée ;
Lui, vante ses deniers comptants,
Et puis, à la fin de l'année,
Nous arrivons en même temps.

Un grand homme a dit, dans son livre,
Que tout est bien, il m'en souvient,
Tranquillement laissons-nous vivre
Et prenons le temps comme il vient.
Si, pour recréer ce bas-monde,
Dieu nous consultait aujourd'hui,
Convenons-en tous à la ronde,
Nous ne ferions pas mieux que lui.

TONTAINE, TONTON,

CHANSON DE CHASSE.

Paroles de **M. DU MERSAN**.

La Musique se trouve chez **A. HURÉ**, libraire-éditeur, à Paris,
rue Dauphine, n° 44, près le Pont-Neuf.

Mes amis, partons pour la chasse,
Du cor j'entends le joyeux son,
    Ton ton, ton ton,
    Tontaine, ton ton,
Jamais ce plaisir ne nous lasse,
Il est bon en toute saison,
    Ton ton,
    Tontaine, ton ton.

A sa manière chacun chasse,
Et le jeune homme, et le barbon,
    Ton ton, ton ton,
    Tontaine, ton ton,
Mais le vieux chasse la bécasse
Et le jeune gibier mignon,
    Ton ton,
    Tontaine, ton ton.

Pour suivre le chevreuil qui passe,
Il parcourt les bois, les vallons,
    Ton ton, ton ton,
    Tontaine, ton ton,
Et jamais, en suivant sa trace,
Il ne trouve le chemin long,
    Ton ton,
    Tontaine, ton ton.

A l'affût le chasseur se place,
Guettant le lièvre et l'oisillon,
    Ton ton, ton ton,
    Tontaine, ton ton,
Mais si jeune fillette passe,
Il la prend ; pour lui tout est bon,
    Ton ton,
    Tontaine, ton ton.

Le vrai chasseur est plein d'audace :
Il est gai, joyeux et luron,
    Ton ton, ton ton,
    Tontaine, ton ton,
Mais que'que fanfare qu'il fasse,
Le chasseur n'est pas fanfaron,
    Ton ton,
    Tontaine ton ton.

Quand un bois de cerf l'embarrasse,
Chez sa voisine, sans façon,
    Ton ton, ton ton,
    Tontaine, ton ton,
Bien discrètement il le place
Sur la tête d'un compagnon,
    Ton ton,
    Tontaine, ton ton.

Quand on a terminé la chasse,
Le chasseur se rend au grand rond,
    Ton ton, ton ton,
    Tontaine, ton ton,
Et chacun boit à pleine tasse,
Au grand saint Hubert, son patron,
    Ton ton,
    Tontaine, ton ton.

AH !
VOUS DIRAIS-JE, MAMAN.

CHANSONNETTE

Ah ! vous dirais-je, maman,
Ce qui cause mon tourment ?
Depuis que jai vu Sylvandre
Me regarder d'un air tendre,
Mon cœur dit à tous moments :
Peut-on vivre sans amants ?

L'autre jour dans un bosquet,
De fleurs il fit un bouquet ;
Il en para ma houlette,
Me disant : belle brunette,
Flore est moins belle que toi,
L'amour moins tendre que moi !

Étant faite pour charmer,
Il faut plaire, il faut aimer :
C'est au printemps de son âge
Qu'il est dit que l'on s'engage ;
Si vous tardez plus longtemps,
On regrette ces moments.

Je rougis, et par malheur,
Un soupir trahit mon cœur ;
Sylvandre, en amant habile,
Ne joua pas l'imbécile ;
Je veux fuir, il ne veux pas :
Jugez de mon embarras.

Je fis semblant d'avoir peur,
Je m'échappai par bonheur.
J'eus recours à la retraite ;
Mais quelle peine secrète
Se mêle dans mon espoir,
Si je ne puis le revoir !

Bergères de ce hameau,
N'aimez que votre troupeau :
Un berger, prenez-y garde,
S'il vous aime, vous regarde,
Et s'exprime tendrement,
Peut vous causer du tourment.

LE CURÉ
DE NOTRE VILLAGE.

Le curé de notre village
Disait aux fill's dans ses sermons :
Aimer convient bien au jeune âge,
Aimer convient bien aux garçons ;
Car j'aime à voir sous la coudrette,
Après les travaux du matin,
Danser au son de la musette, }
Danser au son du tambourin. } *bis.*

Si parfois, quand on est en danse,
Fillette faisait un faux pas,
Toujours avec éloquence,
Je ne la rebuterai pas ;
Car j'aime à voir sous la coudrette,
Après les travaux du matin,
Danser au son de la musette, }
Danser au son du tambourin. } *bis.*

Enfants, venez au presbytère,
Si l'amour vous cause des pleurs ;
Toujours en ami, votre père,
Je serai votr' consolateur ;
Car j'aime à voir sous la coudrette,
Après les travaux du matin,
Danser au son de la musette, }
Danser au son du tambourin. } *bis.*

Paris, A. HURÉ, éditeur et seul propriétaire,
rue Dauphine, 44, près le Pont-Neuf.

PARIS. — Typ. CHAUMONT, 6, rue Saint-Spire.

FRÈRE ÉTIENNE

CHANSON.

Un jour le bon frère Étienne,
Avec le joyeux Eugène,
Tous deux la besace pleine,
Suivis de frère François,
S'enfurent *à la Galère*,
Et firent si bonne chère
Aux dépens du monastère,
Qu'ils s'enivrèrent tous trois.

Ces trois grands coquins de frères,
Perfides dépositaires
Du dîner de leurs confrères,
S'en donnent jusqu'au menton ;
Puis ronds comme des futailles,
Escortés par cent canailles,
Du corps battant les murailles,
Regagnèrent la maison.

Le portier qui les voit ivres,
Leur demande où sont les vivres.
Bon ! dit l'autre, avec ses livres,
Nous prend-il pour des savants ?
Je me passe bien de lire,
Mais pour chanter, boire et rire,
Et tricher la tirelire,
Bon ! à cela je m'entends.

Au réfectoire on s'assemble,
Vieux, dont le ratelier tremble,
Et les jeunes. tous ensemble,
Ont un égal appétit ;
Mais, ô fortune ennemie !
Est bien fou qui s'y confie,
C'est ainsi que dans la vie
Ce qu'on croit tenir nous fuit.

Album du Gai Chanteur.   2ᵉ vol. 39ᵉ Livraison.

Arrive le frère Pancrace,
Faisant piteuse grimace
De ne rien voir à sa place
Pour boire ni pour manger ;
A son voisin il s'informe
S'il serait venu de Rome
Quelque bref portant réforme
Sur l'usage du dîner.

Bon ! répond son camarade,
N'ayez peur qu'on s'y hasarde,
Sinon, je prends la cocarde
Et me ferai Prussien.
Qu'on me parle d'abstinence
Quand j'ai bien rempli ma panse,
J'y consens ; mais, sans pitance,
Je suis fort mauvais chrétien.

Resterons-nous donc tranquilles
Comme de vieux imbéciles,
Répliqua frère Pamphile ?
Oh ! pour le moins, vengeons-nous !
Prenons tous une sandale,
Et, sans crainte de scandale,
Allons battre la cymbale
Sur les fesses de ces loups.

Chacun ayant pris les armes,
Fut partout porter l'alarme ;
Mais au milieu du vacarme
Frère Etienne fit un p...
Mais un p... de telle taille,
Que jamais jour de bataille,
Canon chargé de mitraille
Ne fit un pareil effet.

Ainsi finit la mêlée,
Car la troupe épouvantée,
S'enfuyant sur la montée,
Pensa se rompre le cou.
Tandis que le frère Etienne,
Riant à perte d'haleine
Et frappant sur sa bedaine,
Amorçait un second coup.

Piron

LE MONTAGNARD ÉMIGRÉ

ROMANCE DE **Chateaubriand.**

La Musique se trouve chez **A. BRUERÉ**, libraire-éditeur, à Paris,
rue **Dauphine**, nᵒ **44**, près le **Pont-Neuf.**

Combien j'ai douce souvenance
Du joli lieu de ma naissance ;
Ma sœur, qu'ils était beaux ces jours
    De France !
O mon pays ! sois mes amours
    Toujours

Te souvient-il que notre mère,
Au foyer de notre chaumière,
Nous pressait sur son cœur joyeux,
    Ma chère ?
Et nous baisions ses blancs cheveux
    Tous deux.

Ma sœur, te souvient-il encore
Du château que baignait la Dore
Et de cette tant vieille tour
    Du More,
Où l'airain sonnait le retour
    Du jour ?

Il te souvient du lac tranquille
Qu'effleurait l'hirondelle agile,
Du vent qui courbait le roseau
    Mobile,
Et du Soleil couchant sur l'eau
    Si beau.

Te souvient-il de cette amie,
Tendre compagne de ma vie ?
Dans les bois en cueillant la fleur
    Jolie,
Hélène appuyait sur mon cœur...
    Son cœur.

Oh ! qui me rendra mon Hélène,
Et ma montagne et mon vieux chêne !
Leur souvenir fait tous les jours
    Ma peine,
Mon pays sera mes amours,
    Toujours.

L'HIRONDELLE

BALLADE.

Musique de *P. SCUDO*.

———

Hirondelle gentille,
Voltigeant à la grille
  Du cachot noir,
Vole, vole sans crainte :
Autour de cette enceinte,
  J'aime à te voir.

Légère, aérienne !
Dans ta robe d'ébène,
  Lorsque le vent
Soulève sous ta plume,
Comme un flocon d'écume,
  Ton corset blanc.

D'où viens-tu ? qui t'envoie
Porter si douce joie
  Au condamné ?
Oh ! charmante compagne !
Viens-tu de la montagne
  Où je suis né ?

Viens-tu de la patrie,
Éloignée et chérie,
  Du prisonnier ?
Fée aux luisantes ailes,
Conte-moi des nouvelles
  Du vieux foyer.

Oh ! dis-moi si la mousse
Est toujours aussi douce,
    Et si, par fois,
Au milieu du silence,
Le son du cor s'élance
    Au fond des bois !

Si la blanche aubépine,
Au haut de la colline,
    Fleurit toujours !
Dis-moi si l'homme espère
Encore sur cette terre
    Quelques beaux jours !

Il pleut, la nuit est sombre,
Le vent souffle dans l'ombre
    De la prison.
Hélas ! pauvre petite,
As-tu froid ? entre vite
    Au noir donjon.

Tu t'envoles, j'y songe,
C'est que tout est mensonge,
    Espoir heurté ;
Il n'est dans cette vie
Qu'un bien digne d'envie :
    La liberté !

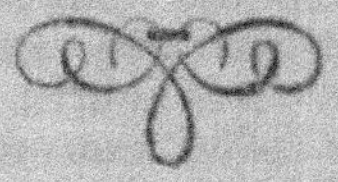

PLUS ON EST DE FOUS
PLUS ON RIT.

Paroles de feu **Armand GOUFFÉ**.

Des frêlons bravant la piqûre,
Que j'aime à voir dans ce séjour
Le joyeux troupeau d'Epicure
Se recruter de jour en jour.
Francs buveurs que Bacchus attire
Dans ces retraites qu'il chérit,
Avec nous, venez boire et rire,
Plus on est de fous, plus on rit.

Ma-règle est plus douce et plus prompte
Que les calculs de nos savants ;
C'est le verre en main que je compte
Les vrais amis, les bons vivants.
Plus je bois, plus leur nombre augmente,
Et quand ma coupe se tarit,
Au lieu de quinze, j'en vois trente :
Plus on est de fous, plus on rit.

Si j'avais une tasse pleine
Des vins choisis que nous sablons,
Et grande au moins comme la plaine
De Saint-Denis ou des Sablons.
Mon pinceau, trempé dans la lie,
Sur tous les murs aurait écrit :
Entrez, entrez, enfants de la folie,
Plus on est de fous, plus on rit.

Entrez, soutiens de la sagesse,
Apôtres de l'humanité,
Entrez, amis de la richesse,
Entrez, amants de la beauté ;
Entrez, fillettes dégourdies,
Vieilles filles qui visez à l'esprit ;
Entrez, entrez, auteurs de tragédies.
Plus on est de fous, plus on rit.

Puisqu'enfin la vie a des bornes,
Aux enfers un jour nous irons,
Et malgré le diable et ses cornes,
Aux enfers un jour nous rirons.
L'heureux espoir, que vous en semble ?
Or, voici ce qui le nourrit :
Nous serons là-bas tous ensemble :
Plus on est de fous, plus on rit.

LE PAN, PAN

BACHIQUE

DÉSAUGIERS.

Lorsque le Champagne
Fait en s'échappant
Pan, pan,
Le doux bruit me gagne
L'âme et le tympan.

Le Mâcon m'invite,
Le Beaune m'agite,
Le Bordeaux m'excite,
Le Pommard me séduit ;
J'aime le Tonnerre,
J'aime le Madère,
Mais par caractère
Moi qui suis pour le bruit...
Lorsque le Champagne, etc.

Quand, aidé du pouce,
Le liége, que pousse
L'écumante mousse,
Saute et chasse l'ennui,
Vite je présente
Ma coupe brûlante,
Et gaîment je chante
En sautant avec lui.
Lorsque le champagne, etc.

Qu'Horace, en goguette,
Courant la guinguette,
Verse à sa grisette
Le Falerne si doux ;
S'il eut, le cher homme,
Connu Paris comme
Il connaissait Rome,
Il eût dit avec nous :
Lorsque le champagne, etc.

Maîtresse jolie,
Perd de sa folie,
Se fane et s'oublie,
Victime des hivers ;
Mais ma champenoise,
Grise comme ardoise,
En est plus grivoise
Et me dicte ces vers :
Lorsque le champagne, etc.

De ce véhicule
Où roule et circule
Maint et maint globule,
Si le feu me séduit :
C'est que de ma tête,
Qu'aucun frein n'arrête,
L'image parfaite
Toujours s'y reproduit.
Lorsque le champague, etc.

Quand de la folie
La vive saillie
S'arrête affaiblie
Vers la fin du banquet,
Qui vient du délire
Remonter la lyre ?
Du jus qui m'inspire,
C'est le divin bouquet.
Lorsque le champagne, etc.

Pour calmer la peine,
Adoucir la gêne,
Eteindre la haine
Et disputer l'effroi,
Que faut-il donc faire ?
Sabler à plein verre
Ce jus tutélaire
Et chanter avec moi :
Lorsque le Champagne, etc.

TE SOUVIENS-TU ?

Paroles d'Émile DEBRAUX.

La Musique se trouve chez **A. HURÉ**, libraire-éditeur, à Paris,
rue Dauphine, n° 44, près le Pont-Neuf.

Te souviens-tu, disait un capitaine
Au vétéran qui mendiait son pain ?
Te souviens-tu qu'autrefois dans la plaine
Tu détournas un sabre de mon sein ?
Sous les drapeaux d'une mère chérie,
Tous deux, jadis, nous avons combattu ?
Je m'en souviens, car je te dois la vie,
Mais toi, soldat, dis-moi, t'en souviens-tu ?

Te souviens-tu de ces jours trop rapides
Où le Français acquit tant de renom ?
Te souviens-tu que sur les Pyramides
Chacun de nous osa graver son nom ?
Malgré les vents, malgré la terre et l'onde,
On vit flotter, après l'avoir vaincu,
Notre étendard sur le berceau du monde :
Dis-moi, soldat, dis-moi, t'en souviens-tu ?

Te souviens-tu que les preux d'Italie
Ont vainement combattu contre nous ?
Te souviens-tu que les preux d'Ibérie
Devant nos chefs ont plié les genoux ?
Te souviens-tu qu'aux champs de l'Allemagne
Nos bataillons, arrivant impromptu,
En quatre jours ont fait une campagne,
Dis-moi, soldat, dis-moi, t'en souviens-tu ?

Te souviens-tu de ces plaines glacées
Où le Français, abordant en vainqueur,
Vit sur son front les neiges amassées
Glacer son corps sans refroidir son cœur !
Souvent alors, au milieu des alarmes,
Nos pleurs coulaient, mais notre œil abattu
Brillait encor lorsqu'on volait aux armes :
Dis-moi, soldat, dis-moi, t'en souviens-tu ?

Te souviens-tu qu'un jour notre patrie,
Vivante encor, descendit au cercueil,
Et que l'on vit dans Lutèce flétrie,
Des étrangers marcher avec orgueil ?
Grave en ton cœur ce jour pour le maudire,
Et quand Bellone, enfin, aura paru,
Qu'un chef jamais n'ait besoin de te dire :
Dis-moi, soldat, dis-moi, t'en souviens-tu ?

Te souviens-tu... mais ici ma voix tremble,
Car je n'ai plus de noble souvenir ;
Viens-t'en, l'ami, nous pleurerons ensemble
En attendant un meilleur avenir.
Mais si la mort, planant sur ma chaumière,
Me rappelait au repos qui m'est dû,
Tu fermeras doucement ma paupière,
En me disant : Soldat, t'en souviens-tu ?

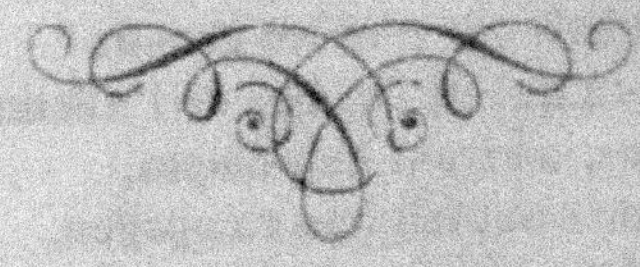

LA NEIGE.

Tyrolienne de J.-D. DOCHE.

La neige, au loin, couvre nos montagnes,
L'hiver jaloux
Va fondre sur nous ;
Plus de bosquets, ni vertes campagnes,
Portez, amours,
Le deuil des beaux jours.
Adieu, prairie,
Rose jolie,
Loisirs, plaisirs.
Tout s'enfuit devant les zéphirs.
Cet ormeau, l'honneur du village,
Privé du feuillage,
N'offre plus d'ombrage,
Et l'oiseau volage,
Avec son ménage,
Quitte le bocage
Jusques aux chaleurs.
La brebis cherche sur l'herbette.
La tendre musette
Est presque muette,
Et la bergerette
Va dans sa retraite
Soupirer seulette
Jusqu'au temps des fleurs ;
Un mouchoir épais couvre son sein,
Plus d'espoir pour les yeux ni la main.
Sous ce voile qui l'emprisonne,
Sa gorge mignonne
D'amour est cherchée,
Et cette croix,
Longtemps enfermée,
Restera cachée
Tant qu'il fera froid.
Le bœuf, pressé de l'aiguillon,
Tremble et tombe en faisant son sillon.
Tout est triste dans la nature,
Et de la froidure
L'amour même endure ;
Ce petit enfant,
Qui, pour couverture,
N'a que son armure,
Grelotte en marchant.
Laisse ma main réchauffer la tienne ;
Tu trembles, viens,

Approche-toi bien ;
J'ose ta joue ici sur la mienne,
Passe ton bras,
Marche à petits pas ;
Enfin, la glace
Sous mes pieds casse,
Sois sans effroi,
C'est mon cœur qui veille sur toi.
Vois ce chaume rustique,
C'est l'asile antique
Qu'habite mon père ;
Allons-y, ma chère,
L'on y dort tranquille,
C'est le domicile
De la pauvreté.
Cent hivers ont blanchi le faîte
De cette retraite,
Dont la bienfaisance,
Sœur du silence,
La paix, l'espérance
Offre à l'indigence
L'hospitalité ;
Là, le temps paraît toujours serein,
Là, jamais ni désirs ni chagrin ;
Le bonheur de la matinée
Remplit la journée,
Et toute l'année,
Coulant sans souci,
Sans crainte importune,
Loin de l'infortune,
Recommence ici.
Chaque jour, lorsqu'après les travaux
La nuit vient amener le repos,
Au foyer, le sarment pétille.
Le chef de famille
S'assied et babille,
Et de temps en temps
Un piquant breuvage
Donne à son visage
Un air de printemps.

Paris, A. HURÉ, éditeur et seul propriétaire,
rue Dauphine, 44, près le Pont-Neuf.

*Tout exemplaire non revêtu du timbre de l'éditeur
sera poursuivi comme contrefaçon.*

Paris. — Typ. CHAUMONT, 6, rue Saint-Spire.

LE PAIN

CHANSON

Paroles de ÉMILE DURAFOUR.

Musique de VICTOR ROBILLARD.

———

La Musique se trouve chez **A. HURÉ**, libraire-éditeur à Paris
rue Dauphine, n° 44, près le Pont-Neuf.

Bon ouvrier, je ne crains pas la peine;
Par mon travail, je vis avec honneur :
Quand j'ai touché ma modeste quinzaine,
Rien ne saurait égaler mon bonheur !
Je donne tout à ma bonne Marie,
Qui me sourit en me tendant la main ;
Puis nous disons tous deux, l'âme attendrie : } *bis.*
Merci, mon Dieu ! nos enfants ont du pain !

J'ai pour tout bien, pour unique fortune,
Trois beaux enfants, mon bonheur ici-bas ;
Mais cependant quand je vois l'infortune,
Je viens en aide à celui qui n'a pas.
Franc travailleur, ignorant l'opulence,
Sans nul orgueil je fus toujours humain :
Pour secourir la timide indigence, } *bis.*
Je suis heureux de partager mon pain !

Album du Gai Chanteur.   2e vol.   40e Livraison.

Voyez passer cet homme au teint livide,
Le malheureux est couvert de haillons ;
Pour mendier combien il est timide,
Lui qui, jadis, avait laquais, salons.
Fils adoré de la reine folie,
Prodiguant tout, narguant le lendemain ;
Mais trop longtemps il vécut dans l'orgie :
Le voilà vieux, sans un morceau de pain !   *bis.*

Qu'il soit Breton, qu'il soit de la Champagne,
Rendons hommage au bon cultivateur ;
Que d'étourdis parcourent la campagne,
Foulant aux pieds l'espoir du laboureur.
Sans ses travaux, que deviendrait la terre ?
Pauvres d'esprit, passez votre chemin ;
Ces épis d'or soulagent la misère :
Respect au blé, car le blé c'est le pain !   *bis.*

Dans nos cités la plus sombre masure
Fait place alors aux somptueux palais ;
Que de travaux le présent nous assure !
De plus en plus nous marchons au progrès.
Joyeux enfants de la mère patrie,
Chantons gaîment ce sublime refrain :
Honneur, honneur à la noble industrie,
Gloire au travail, le travail c'est le pain !   *bis.*

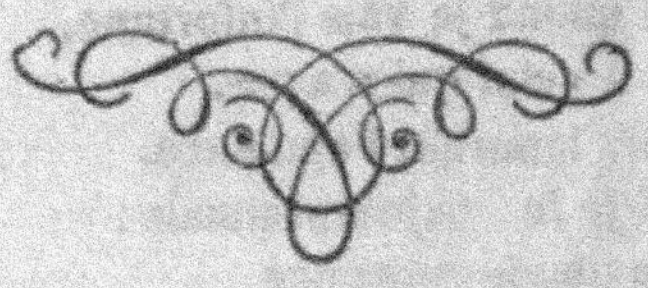

NINETTE

CHANSONNETTE.

Paroles de **LÉON MAUD'HEUX**, Musique de **ERNEST POIGNÉE**.

La Musique se trouve chez **A. HURÉ**, libraire-éditeur, à Paris,
rue Dauphine, 44, près le Pont-Neuf

———

Avez-vous vu dans le village,
La jeune fille au frais minois,
Qui, pour parure, à son corsage,
Porte un bouquet de fleurs des bois ?
Qu'elle est gracieuse et légère,
Lorsqu'elle suit le vol d'un papillon ;
Ses pieds n'osant toucher la terre,
Comme un zéphir effleurent le gazon.
    C'est ma Ninette,
    Ma blondinette,   *bis.*
    Fraîche et coquette,
    Qui m'aimera.

Du pauvre, elle est la Providence ;
Pour lui, toujours elle a du pain.
Sa douceur calme la souffrance,
Sa gaîté fait fuir le chagrin.
Qui n'aimerait son air modeste,
Ses cheveux blonds, son front candide et pur,
Et ses yeux bleus, miroir céleste,
Où d'un beau ciel se réflète l'azur !
    C'est ma Ninette, etc.

Ravis de sa grâce coquette,
Tous les jeunes gens d'alentour
La courtisaient ; mais la pauvrette
Les a refusés tour à tour.
Mon cœur épris d'un amour tendre,
Depuis longtemps lui cachait son ardeur.
Hier, je le lui fis comprendre :
Elle a rougi ; j'ai compris mon bonheur,
    Car ma Ninette,
    Ma blondinette,   *bis.*
    Fraîche et coquette,
    M'aime déjà.

JE N' VEUX PAS D' ÇA !

Air : *Mariez-vous donc!*

Astrologues ! gens de science !
Vous qui lisez au firmament,
Et qui croyez, en conscience,
Prédire bien exactement
Le plus petit événement.
Vous êtes fort instruits, sans doute ;
Mais de l'erreur, dans ce cas là,
Vous êtes en plein sur la route ;
   Je n' veux pas d' ça !

J'aime une chose naturelle ;
Les apprêts ne m'ont jamais plu ;
Quand je suis auprès d'une belle,
Si j'effarouche sa vertu,
Qu'elle me dise : non ! tout cru.
Mais prendre des airs de niaise,
Pour, après tout, en venir là,
Ça me met trop mal à mon aise ;
   Je n' veux pas d' ça !

Si par malheur je suis malade,
Je fais venir un médecin ;
De son savoir, il fait parade.
Il me parle grec et latin,
Et ses discours n'ont plus de fin !
Étant au bout de sa logique,
Pour un simple mal d'estomac,
Il me traite comme hydropique ;
   Je n' veux pas d' ça !

L'amour est parfois bien volage ;
On a souvent vu de ses coups ;
Mais quand c'est pour le mariage,
On doit être juste avant tout.
Ce n'est pas peu que d'être époux !
On voit souvent une donzelle,
A deux ou trois poupons déjà,
Qui se donne pour demoiselle ;
  Je n' veux pas d' ça !

Tous les jours, je lis la gazette,
Et je n'en suis pas plus savant ;
Le lendemain, elle répète
Ce qu'elle a dit le jour d'avant :
Cette farce arrive souvent !
Voir les noms des gens qu'on enterre,
Les mariages, *et cœtera ;*
C'est à peu près la même affaire ;
  Je n' veux pas d' ça.

Si tous les abus de ce monde
Ne tenaient que quelques couplets,
Heureux et fier de cette fronde,
En espérant de bons effets,
De bon cœur je les aurais faits.
Ce serait de trop longue haleine
Un travail comme celui-là,
Et ce serait perdre ma peine ;
  Je n' veux pas d' ça !

J_{ULES} DUVERT.

LA DANSEUSE DU CAIRE

ROMANCE.

Paroles de P. BLANCHEMAIN, Musique de L. ABADIE.

La Musique se trouve chez **A. HURÉ**, libraire-éditeur, à Paris,
rue Dauphine, n° 44, près le Pont-Neuf.

Et chez MISSLER, Éditeur, rue Vivienne, 49.

Pourquoi m'avoir vendue
A ces gens inhumains,
Qui me font, éperdue,
Danser sur les chemins ?
Libre dès mon enfance,
Là-bas, sans m'y forcer,
Chacun me disait : danse.
Oh ! j'aimais à danser. } *bis.*

Je dansais sur la place,
L'autre jour devant tous ;
Un jeune étranger passe,
Un jeune homme aux yeux doux.
Moi, dans mon innocence,
Je voulus l'implorer ;
Il m'a répondu : danse !
Oh ! je voudrais pleurer ! } *bis.*

On me dit pourtant belle,
Chacun vient pour me voir ;
Mais lui seul est rebelle,
Le jeune homme à l'œil noir !
Et quand à lui je pense,
Qui me fait tant souffrir,
Mon maître me dit : danse !
Oh ! je voudrais mourir ! } *bis.*

A MONSIEUR VERGERON.

RÉPONSE

VERSE-MOI LISETTE

CHANSONNETTE.

AIR : *Verse-moi, Lisette !* (VERGERON.)

Puisqu'un gai luron,
Dans sa chansonnette,
Nous montre Lison
Pleine d'abandon,
Comme lui, chantons
Avec la grisette,
Et puis répétons,
Au bruit des chansons :
    Lisette,
    Grisette,
Vidons ce flacon
    Bon, bon ;
    Lisette,
    Grisette,
Buvons et chantons.

Vive la gaîté ! vive la folie !
Narguons, mes amis, l'ennui, le chagrin ;
Éloignons de nous la mélancolie,
Célébrons l'amour dans un gai refrain.
Pour nous amuser, chanter, boire et rire,
Leurs tendres accents nous enchanterons ;
Lise chantera, lui prendra sa lyre,
Et puis tous en chœur nous répéterons :
    Puisqu'un gai luron, etc.

Si le jus divin que verse Lisette
Répand la gaîté, charme le loisir,
Vivons tous heureux près de la grisette :
Sa chambre est le nid où naît le plaisir.
Son air gracieux, sa mine lutine,
Nous charment l'esprit, le cœur et les sens ;
Chacun, tour à tour, veut, on le devine,
Mêler à sa voix de joyeux accens.
        Puisqu'un gai luron, etc.

Lorsque nous goûtons la douce ambroisie,
N'oublions jamais d'aimer le prochain ;
Vergeron nous dit, dans sa poésie,
Qu'il faut au malheur tendre notre main.
Le précepte est bon, c'est la vertu même,
Mettons à profit la sage leçon ;
Si l'homme est heureux d'aimer quand on l'aime,
Aimons-nous, amis, de cette façon.

        Puisqu'un gai luron,
        Dans sa chansonnette,
        Nous montre Lison
        Pleine d'abandon,
        Comme lui, chantons
        Avec la grisette,
        Et puis répétons,
        Au bruit des chansons :
           Lisette,
           Grisette,
        Vidons ce flacon
           Bon, bon ;
           Lisette,
           Grisette,
        Buvons et chantons.

F.-J. GIRARD.

TABLE

DES

CHANSONS, ROMANCES, CHANSONNETTES
et SCÈNES COMIQUES

Contenues dans le deuxième volume de

L'ALBUM DU GAI CHANTEUR.

FIN DE LA TABLE.

Paris. — Typ. Chaumont, 6, r. St-Spire.